KB233827

작은 폭군

모든 인간은 하나님의 형상을 닮은 존엄한 존재입니다. 전 세계의 모든 사람들은 인종,
민족, 피부색, 문화, 언어에 관계없이 존귀합니다. 예영커뮤니케이션은 이러한 정신에
근거해 모든 인간이 존귀한 삶을 사는 데 필요한 지식과 문화를 예수 그리스도의 사랑으로 보급함으로써
우리가 속한 사회에 기여하고자 합니다.

작은 폭군

지은이 | 이리나 프레코프
옮긴이 | 황진자
초판 1쇄 찍은날 | 2004년 10월 1일
초판 1쇄 펴낸날 | 2004년 10월 7일
펴낸이 | 김승태
출판본부장 | 김춘태
편 집 | 방재경, 박경미, 김경아
표지디자인 | 김경아
등록번호 | 제2-1349호(1992. 3. 31)
펴낸곳 | 예영커뮤니케이션
　　　　110-616 서울 광화문우체국 사서함 1661
　　　　출판유통사업부 T. (02)766-7912 F. (02)766-8934 E-mail: jeyoungsales@chollian.net
　　　　출판 사업부　T. (02)766-8931 F. (02)766-8934 E-mail: jeyoungedit@chollian.net
　　　　홈페이지　　www.jeyoung.com

ISBN 89-8350-670-9 (03370)

값 8,500원

■ 잘못 만들어진 책은 교환해 드립니다.

◀ 도모생애교육신서 9 ▶

작은 폭군

이리나 프레코프 지음
황진자 옮김

예영커뮤니케이션

Member of the
Evangelical Christian
Publishers Association

예영커뮤니케이션은
복음주의기독출판협회(ECPA)의 국제 회원사로서 기독교 출판을 통하여
세계복음화를 위한 지상 명령의 실현을 위해 동참하고 있습니다.

Der kleine Tyrann by Jirina Prekop
Copyright ⓒ 1995 erw. Neuausgabe
by Kösel-Verlag GmbH & Co., München
All rights reserved.

Korean translation Copyright ⓒ 2004
by Jeyoung Communications Publishing House

저작권법에 의하여 한국 내에서 보호를 받는 저작물이므로
무단 전재와 무단 복제를 금합니다.

개정판에 붙이는 서문

나는 그동안 이 책을 여러 판 거듭 내면서 마음에 갈등을 겪어 왔다. 우선 저자로서 베스트셀러인 책을 썼다는 사실이 기쁘기는 하다. 그러나 다른 한편으로는 이런 문제와 관련된 부모들이 궁지에 몰렸을 때야 비로소 이 책을 구입한다는 사실에 마음이 많이 아프다. 우리는 지배적이고 무분별하며 공격적인 아이들과 점점 더 자주 마주치게 된다. 그 사이에 많은 사람들에게 '작은 폭군' 이라는 말은 이미 고전적인 개념이 되었다.

이 책을 처음 출간했을 때 나는 날카로운 비평들로 상처를 많이 받았다. 주로 반권위적이며 반교육적인 사고방식을 지닌 전문가들이 한 비평이었다. 그러나 동시에 그런 격렬한 비평에 대해 감사하는 마음도 생겼다. 왜냐하면 그 비평들을 통해 논의의 진행이 시작되었기 때문이다. 작은 폭군은 마치 물 속에 던진 돌과 같은 효과를 낳았다. 그 돌은 바닥을 파헤치고 켜켜이 쌓인 층들을 뒤섞어 소용돌이치게 하는 결과를 초래했다. 그런 과정을 거쳐 썩은 것이 분해되고, 무거운 것이 다시 바닥으로 가라앉게 됨으로써 물은 맑아지게 된다. 이러한 정화 과정은 앞으로도 오래 지속될 것이다. 그렇다 하더라도 이 책의 주제는 여전히 현실적이다.

이번에 개정판을 출간하게 된 동기가 근본적인 것을 수정하려는 데 있는 것은 아니다. 내가 처음 책에서 쓴 모든 예시와 설명 등은 — 예외에 이르기까지 — 그때나 지금이나 변함없이 적용된다. 즉, 부모가 공격적인 성향이 늘어나는 반항기 아이들을 어떻게 도와야만 하는지와 관련된 논의들이다. 그러나 "가급적이면 아이가 자신의 반항심을 스스로 해결하도록 해야 한다."는 그 당시 내 견해와 관련하여 지금은 그것이 잘못된 견해였음을 시인하는 바이다. 그동안 겪은 많은 체험들을 토대로 하여 지금은 그 문제에 대해 다른 입장을 견지할 수 있다. 그 체험들은 그동안 페스트할텐 치료(Festhaltetherapie)를 실시하면서 얻은 체험들이다.

2세에서 3세 사이의 아이가 자신의 뜻을 관철시키려고 자아의 강한 힘으로 드러내는 분노는, 먼저 그 상대가 되는 대상들을 향한 것이자 자기 자신을 향한 것이고, 또한 부모를 향한 것이다. 첫번째 경우에는 내가 원래 제안한 그런 방식으로 처리해도 문제될 것이 없다. 예를 들면, 만일 아이가 문의 손잡이가 높아 손에 닿지 않아서 그 손잡이와 자기 자신에게 화가 난다면, 아이는 그런 좌절감을 스스로 견뎌 내는 법을 배워야 한다. 아이는 위기란 자신의 힘으로 극복할 수 있다는 것을 체험해야만 하는 것이다. 만일 아이의 분노가 엄마나 아버지에게 향한 것이라면, 아이는 자신의 부모와 대면할 기회를 가져야 한다. 그러면 아이는 공격하고자 하는 자신의 의도를 얼굴에 드러낸다. 그러면서 상대방의 분노 또한 감지한다. 이러한 갈등을 자연스럽게 잘 해결한 후 새로운 사랑을 이끌어 내는 데는 꼭 안아 주는 페스트할텐식 포옹이 도움이 된다. 그러다가 아이가 더 성장하여 자신을 언어로 표현할 수 있게 되면, 그러한 갈등은 육체적 접촉 없이도 해결할 수 있다.

　나는 이미 이 책의 초판에서 페스트할텐에 관해 자세히 설명했으나, 이 개정판에서 더 보완하고자 한다. 그 사이 절망한 많은 부모들이 이 책이 제시한 대로 페스트할텐을 실행하였다. 그렇게 함으로써 많은 사람들이 좋은 체험을 하기도 하고, 또 다른 사람들은 지금까지 억제해 온 감정을 분출하는 것이 두려워 포기하기도 했다. 물론 그러한 것이 아이에게 더 해를 끼친 것은 아니지만, 그런 과정을 거치면서 아이가 부모보다 더 강하고, 부모가 아이로 인해 매우 쉽게 위축된다는 사실에 대한 많은 증거를 확보하였다. 한두 시간 정도의 불만족스러운 페스트할텐은 작은 아이들을 폭군으로 만드는 여러 가지 장애들 가운데 하나라는 것도 알게 되었다. 이런 경우에는 아마추어식의 페스트할텐으로는 충분하지 않아 전문적인 도움을 제공하였다. 이 분야에 노련한 임상치료사의 도움 없이, 부모가 자신의 역할을 다하면서 아이를 구김살 없이 아이답게 자랄 수 있게 배려한다는 것은 쉽지 않은 일이다. 가장 많이 겪고 있는 장애 가운데 하나는, 아이들이 부정적인 감정을 확실하게 드러내는 경우 부모들이 느끼는 두려움이다. 그러한 감정적인 모호함, 즉 '이것도 아니고 저것도 아닌' 입장은 아이가 부모를 거부하게 만들고 꼭 필요한 대면까지도 방해한다. 이러한 문제를 좀 더 자세히 살펴보고자 하는 것이 이 개정판을 쓰게 된 근본적 이유이다.

가족 구성원들 사이에 무의식적으로 작용하는 갈등 요인에 관한 견해로 도움을 준 가족체계 치료 전문가들에게 고마움을 전한다. 특히 베르트 헬링거(Bert Hellinger)에게 감사하고 싶다. 나는 그의 제안에 따라 1990년 페스트할텐 워크숍을 열었는데, 그 기회를 통해 새로운 인식을 하게 되었다.

그때 이후로 페스트할텐 치료는 가족체계 치료와 매우 밀접한 관련을 맺어 오고 있다. 많은 경우 지배욕의 발생은 그 체계적인 뿌리가 해명되어야 비로소 분명하게 치료될 수 있다. 아이는 가족에서 배제된 가족 구성원들 가운데 누군가를 무의식적으로 대신하게 되면서, 바로 그로 인해 폭군이 되는 경우가 많기 때문이다.

크리스텔 슈바이처(Christel Schweizer)와 함께 『아이는 길을 묻는 손님이다』(*Kinder sind Gäste, die nach dem Weg fragen*)와 *Unruhige Kinder*를 쓰면서 나는 분명한 창조 법칙을 인식하게 되었다. 창조 법칙을 지키다 보면 내적인 안정감이 생기지만, 그것을 지키지 못했을 때는 파멸에 이르게 된다. '작은 폭군'의 현상은 그러한 사실에 관한 한 예이다. 그 해결책은 주어진 삶의 법칙을 의식적으로 따르는(신앙적인) 데 놓여 있다.

서 언

　어느 여름날 우리 부부는 두 가지 특별한 체험을 하게 되었는데, 나는 그 체험들 때문에 이 책을 서둘러 쓰게 되었다.

　그 멋진 아침 햇살이 갑자기 먹구름으로 변하지 않았더라면 좋았을 텐데. 린다우의 항구에서 유람선이 출발했을 때 세찬 폭우가 몰아치자 실망한 많은 승객들은 순식간에 식당으로 몰려들었다. 옆 테이블에서는 약 다섯 살 정도 된 사내아이가 계속 소란을 피우고 있었다. 테이블에 이미 음식을 차려 놓은 터라 다른 승객들이 눈살을 찌푸리는데도, 그 아이는 파도치는 것을 내다보겠다며 계속 테이블 위에 서 있으려고 했다. 테이블 아래로 내려오라고 부모가 좋은 말로 타이르는 것을 아이는 무시하였다. 아이의 부모가 테이블에서 끌어내리려 하자, 아이는 포악해져서 온 식당이 울리도록 소리쳤다. "하지 마! 이 바보 똥개!" 하고 외치며 아이는 엄마의 배를 걷어차고 아빠의 손을 물어뜯었다. 이러한 상황은 계속되었다. 아이는 점점 더 포악해졌고, 그럴수록 부모는 더욱 당황하였으며, 손님들도 점점 더 화가 났다. 부모가 아이를 테이블에서 내려오게 하려고 하자, 그 아이는 거의 미친 듯한 발작 증세를 보였다. 주변에 있던 손님들이 한마디씩 했다. "나 같으면 매질을 하겠소." 그 부모는 얼굴이 붉게 상기된 채 말했다. "우리도 이미 아이를 때려보았지요. 하지만 매질은 상황만 더 나쁘게 만들어요." 이 부모에게는 두 가지 선택이 있다. 비가 오는 밖으로 아이를 데리고 나가거나, 아니면 테이블 위에 그냥 내버려 두거나 하는 것이다. 그러나 이 두 가지 결정 모두 부모의 패배이다. 그들은 함정에 빠졌다. 아이 엄마는 울면서 손님들 앞을 지나 밖으로 나갔다.

해안가를 산책할 때도 우리 부부는 비슷한 상황을 보았다. 소풍객들이 던져 준 빵을 받아먹으려고 백조와 거위들이 줄지어 질서정연하게 이쪽으로 오고 있었다. 한 새끼 거위가 그 대열을 벗어나자 어미 거위가 새끼 거위의 뒤를 따랐다. 새끼 거위가 어미 거위를 따라다니는 것이 아니라 어미 거위가 새끼 거위를 따라다니고 있었다. 그 새끼 거위는 배들이 지나다니는 사이를 이리저리 불안하게 헤엄치고 다니며, 빵뿐만 아니라 아무거나 닥치는 대로 덥석덥석 물었다. 어미 거위는 배에 탔던 그 아이의 엄마처럼 고개를 숙이고 불안하게 새끼를 쫓아 다녔다.

"이 어미 거위도 아마 틀림없이 고민을 많이 할 거야." 하고 남편이 말했다. "둘 다 파멸인데." 우리는 그 문제에 대해 이야기를 나누었다. 즉, 동물의 무리가 그 무리의 법칙을 준수하도록 이끌지 않고 어린 동물의 불안한 행동을 그대로 받아들여 준다면, 어떤 문제가 발생하는지에 관해 이야기했다. 왜냐하면 법칙을 준수하지 않으면 위험할 뿐만 아니라 가족 전체가 붕괴되기 때문이다. 그러면서 나는 이 문제의 학문적 작업이 아직 시작 단계에 있다 하더라도, 이 주제에 다시 관심을 기울여야 할 시기라고 생각하게 되었다.

왜냐하면 나 역시 상담 시간에 그러한 부모들, 즉 '악몽이 되어 버린 아이'로 인해 매우 불안해하는 부모들을 점점 더 자주 보게 되기 때문이다. 그 부모들은 자신과 아이를 위해 자유롭게 살기를 원하는데도, 자신의 아이에게서 소외당하고 또 노예처럼 종속된 듯이 느낀다. 또 그 부모들은 호의나 칭찬 그리고 질책을 통해서도 자신의 아이를 다스릴 수 없기 때문에 양육자로서 자신에게 문제가 있다고 느낀다. 그들은 아이 낳은 것을 후회하거나, 그러한 아이로 인한 고통스러운 경험 때문에 아이 갖기를 꺼린다.

　이러한 작은 폭군들 중에는 극단적이며 공격적인 행동으로 자신의 주변을 지배하는 아이뿐 아니라, 지배욕에 사로잡힌 아이 그리고 분노를 표출하리라고 전혀 기대되지 않던 아이도 있다. 그런 아이들은 오히려 모든 것을 거부하고 숨어 지켜보면서 자신만의 고유한 내면의 '섬'으로 물러선다. 그 섬에서도 여전히 관계들이 지배할 수 있으나 그런 관계들이 아이들을 방해하지는 않는다. 나는 또 자신이 언젠가 힘을 빼앗겼고, 그 때문에 혼란과 슬픔에 빠져 부당한 처지에 놓여 있다고 믿는 아이들이 좌절하거나 육체적·심리적으로 병이 드는 것을 보았다.

　이런 아이들은 불행하며 자신의 힘에 사로잡혀 있다. 또 항상 불안해하며 매우 고독하다. 이 아이들은 모든 것을 받을 수 있지만 스스로 줄 수 있는 것은 아무것도 없다. 그래서 주고받음이라는 조화로운 관계에서 생겨나는 사랑의 체험을 놓친다.

　이런 아이들을 위해 그리고 바로 이런 문제들 때문에 나는 이 책을 썼다. 이 시기에 적절한 도움을 주지 않는다면, 아이들의 미래는 비극적이기 때문이다. 아이들이 삶이라는 투쟁을 견뎌 내려면 이 세상에서 행복감을 느껴야 한다. 아이들은 주변 세계를 지배하는 것을 통해서가 아니라, 인내할 줄 아는 능력을 통해 적응해 나감으로써 그러한 목표에 도달할 수 있다. 그러면서 패배를 견뎌 낼 수 있고, 불안을 무시하지 않고 체험하면서 그 불안을 극복하고 자신을 지켜나갈 수 있다. 그러나 아이들은 그 시기와 그런 상황 속에서 비극적인 미래로 흘러들 수도 있다. 아이들은 자신의 힘에 종속되어 있는 한 결코 자유에 도달할 수 없다는 것을 스스로 예감하지 못한다.

상담전문가들과 많은 대화를 나누는 중에, 만일 내가 경보를 울리고 응급조치를 감행한다면 그것이 어떤 비관적 논의가 되지 않을 거라는 생각이 들었다. 아이들의 인격 장애를 보여 주는 변화들이 도처에서 나타나고 있다. 이 변화는 1980년대 이후 폭발적으로 확산되었다. 그 전까지는 불안해하는 아이, 거부하는 아이, 희생당하는 아이, 속죄양 노릇을 하는 아이 등이 문제가 되는 아이들이었다. 그 아이들은 심하게 손톱을 물어뜯거나 탐식증을 통해 대체구강만족 증상을 나타내거나 거짓말, 훔치기, 방화 등과 같은 우회적 공격을 통해 자신들의 보상 만족을 얻으려고 시도하는 아이들이었다. 그 아이들은 진단자의 '소견'에 따라 교육 상담이나 심리 분석 혹은 행동장애 제거를 위한 치료, 가족

치료 등을 받았다.

　그것에 비해 오늘날에는 파괴적이며 공격적인 장애가 더 두드러지게 나타난다. 그런 장애는 냉혹함, 이기주의, 무분별함 등과 관련이 있다. 이런 아이들은 교육받는 것에도 저항적이고 치료받는 것에 대해서도 면역이 생긴 것으로 보인다. 그래서 많은 노련한 전문가들 — 심리학자, 교사 혹은 치료 교사 — 은 다음과 같은 질문을 스스로 제기한다. 내가 직업적으로 무능력해진 것은 아닌가? 내가 고집 센 아이들에게 너그럽지 못한 것인가? 나는 다시 반권위적 교육 프로그램에 참여해야 하는가? 나는 관성적인 틀에 박혀 어떤 영향력을 더 이상 행사할 수 없는 것은 아닌가? 내가 직업에 지쳤나? 또 임상에서 '다루어지지 않은' 아이들을 진료하며 자신의 설득력을 의심하는 소아과 의사들도 있다. 그 아이들은 전혀 입을 열지 않을 뿐만 아니라, 생명을 유지하는 데 필요한 섭생이나 모든 먹을 것을 완전히 거부한다. 그들은 부모의 간절한 요구를 받아들여 자신들이 단식 투쟁을 포기하느니 차라리 굶어 죽는 게 낫다고 여기는 아이들이다. 여기서는 자신이 원하는 것을 관철시키려는 분노가 아니라, 자기 자신을 부인하는 분노가 은연중에 진행되고 있는 것이다.

나는 전문가들이 그런 의혹에서 무조건 벗어나기를 원하지 않는다. 왜냐하면 우리는 그런 의혹들로 인해 서로 대화하고 또 협력하기 때문이다. 나는 내 견해에 대해 비판적인 학자들에게도, 지배욕의 근원에 대한 가설을 제시하려는 내 시도에 대해 이해를 구하는 바이다. 또 지배욕에 대한 내 가설 개념들에 대해서도 마찬가지이다.(또 그 개념의 진정한 의미에서 보자면 중독이 중요한 문제라는 내 견해에 대해서도 이해를 구한다.) 나는 학문적 입장에 서 있는 사람들이 연구를 위한 기초 토대로써 이 책을 사용하기 바란다. 여하튼 내게 가장 우선적인 과제는 논의를 진행하는 일이다. 그런 논의를 통해 당사자인 아이들과 부모들에 대한 이해가 더 커지게 된다.

차 례

 **지배욕의 뿌리를 찾아**

'**지배욕**'이라는 테마를 내가 좀 더 자세히 다루기 시작했을 때, 특히 관심을 기울인 것은 무엇보다도 다음과 같은 세 가지 질문이었다.

- 지배욕이 심한 아이들이 힘을 행사하는 배후에는 무엇이 숨어 있을까?
- 힘에 대한 정상적인 경계를 넘어서는 것은 어디서부터일까?
- 지배적인 사람들은 늘 있어 왔지만 그 극단적 형태가 어린이들에게서 나타나지는 않았다. 그 사이 무슨 일이 일어난 것일까?

이러한 문제를 다룬 문헌들은 그리 많지 않다. 지그문트 프로이트(Sigmund Freud)와 하인츠 코후트(Heinz Kohut)가 지배욕과 나르시시즘의 관계에 대해 다룬 심층심리학 문헌들이 있다. 그리고 지배욕과 권력욕을 비교한 앨프레드 아들러(Alfred Adler)의 저서가 있다. 힘의 문제에 대해서는 특히 한스 스트로츠카(Hans Strotzka)가 깊이 있게 다루고 있다. 또 그는 심리 분석적 방향의 불충분한 언급들에 대해 불평을 드러내기도 한다. 오히려 그는 임상에서 접하는 권력의 희생자, 즉 억압당하는 자들에 대해 설명하고 있다. 흥미로운 것은 우리 상담소에도 특이하게 이런 '전도된' 입장의 부모들이 온다는 것이다. 즉, 억압받는 부모가 억압자인 아이를 데리고 온다.

우리가 '지배욕'이라고 표현하는 것은 자기 과시욕과 동일시할 수 없고 나르시시즘과도 동일시할 수 없다. 그 원인을 찾는다면, 현대의 기술 만능주의적 생활양식과 관련이 있는 것처럼 보인다. 그것에 관해서는 나중에 좀 더 상세하게 논의할 것이다.

그런데 많은 연구자들 사이에는 공통점이 있다. 그들은 모두 정신분석학에서 실적 위주 산업 사회의 사회학에 이르게 되는 과정을 언급하고, 또 인간 소외로 인하여 영적으로 병들게 되는 상황을 언급한다. 그들은 힘에 종속되는 것이 악에 이르게 하는 표지판이라고 털어놓는다. 그들은 이러한 문제를 해결하는 데 유일하고 궁극적인 도움으로써 능동적인 사랑을 제시한다.

나는 이러한 여러 견해들 가운데 한 가지를 언급하고자 한다. 에리히 프롬(Erich Fromm)은 현대 인간들이 과도하게 '소유'에 종속되고 있다고 경고하였다. 그러한 종속은 인간이 '현존재'를 체험하지 못하게 방해한다. 아르노 그루엔(Arno Gruen)은 자신의 저서에서 자신이 경험한 것을 다 털어놓으면서 오늘날 환자들이 겪는 고통을 보여 주었다. 그들은 힘을 자신과 동일시하고 있으며, 힘을 자신의 이미지로 만들고 잘못된 감정으로 빠져들며, 그렇게 함으로써 사랑과 자율성을 체험할 기회를 놓쳐 버리고 만다.

알렉산더 로웬(Alexander Lowen)은 각 개인의 나르시시즘이 나르시스적인 사회 문화를 통해 파급된다고 여겼다. 진실한 감정이 인간에게 더는 맞지 않으며, 그 결과 인간은 스스로 억압당해야 하는 상황에 처하게 된 것이다. 그래서 오늘날 우리는 자신의 삶을 공허하고 의미 없는 것으로 느낀다. 로웬 또한 미국에서 40년간 임상심리 치료를 해 오면서 서유럽권과 유사한 명백한 변화를 확인했다. 죄책감의 상실, 불안, 공포증, 강박관념과 같은 예전의 노이로제 현상들이 근래에는 비교적 드물다고 한다. 그 대신 많은 사람들이 임상에서 우울증과 감정의 상실을 호소한다고 지적한다.

계산할 수 있고 셀 수 있는 것이 정신적인 것보다 훨씬 더 중요시되면서 사고와 느낌도 분리되고 구분되어 버렸다. 기계적인 학문이 명확하게 측정할 수 없는 인간의 감정에 대한 학문보다 더 중요시되고 있다. 이런 결과, 교육학과 아동심리학 분야에서 유아들이 어떤 욕구를 지니고 있는지 파악하기도 전에 원자탄이 만들어지는 현상이 빚어졌다.

저명한 튀빙겐의 아동심리학자 라인하르트 렘프(Reinhart Lempp)는 자신의 저서 *Familie im Umbruch*에서 아동심리학이 역사적으로 진행되어 온 경과 과정을 인상적이면서도 비판적으로 묘사하고 있다. 20세기 중반에서야 비로소 르네 스피츠(René Spitz), 존 보울비(John Bowlby), 할로우(H. F. Harlow) 등이 연구를 통해 유아의 사랑할 수 있는 능력과 심리적 민감성에 대해 언급하면서 그 분야에 관한 인식과 이해에 변화를 가져왔다. 그리고 이러한 지식에도 재차 수정이 필요하다는 것을 우리가 인식하기까지는 여러 해가 걸렸다. 오늘날 우리는 아기가 태어나기 전부터 이미 엄마와의 접촉에 민감하다는 것을 알고 있다.

예를 들면, 도널드 위니코트(Donald W. Winnicott)와 마거릿 말러(Margaret S. Mahler) 같은 아동심리 분석학자들은 심리적으로 문제가 있는 유아에게 나타나는 폭군적인 힘의 생성과 그 변질을 인식하였으며, 그 사이 발생생리학적 입장을 취하는 아동심리학자들의 저서도 출간되었다. 심리치료 분야에서는 이러한 연구들이 놀랍도록 많은 호응을 얻었다. 그런데 유감스럽게도 그러한 치료 방식들이 부모나 아이를 돌보는 일반인에게는 전문성으로 인해 차단되어 있었다.

독일어 문헌들로는 아동심리 치료사인 크리스타 메베스(Christa Meves)가 심층심리학, 사회학과 동물행동 연구의 학문적인 인식들을 서로 결합시켰다. 그녀는 과잉공급, 물질적인 번영, 그리고 진정한 가치들을 왜곡하는 현대의 쾌락주의 등에서 무분별한 무절제의 뿌리를 찾고 있다. 크리스타 메베스는 먼저 젖먹이 엄마들이 직업을 갖게 된 것을 하나의 원인으로 지적한다. 직업이 있는 엄마들은 아이들을 사랑하고 아이들을 위해 희생하는 대신 인스턴트 음식을 차려 주고, 장난감을 주는 대신 텔레비전을 보여 준다. 유아에게 자신의 주변을 무조건 정복하려는 활동성과 자기 주도권을 주고, 다른 한편으로는 바로 그 시점에서 그것을 스스로 차단할 수 있는 기회를 동시에 준다면, 유아가 통제되지 않을 정도의 공격성을 갖는 것은 피할 수 있다는 것이 그녀의 견해이다. 그런데 바로 이런 대립적인 면에서 오늘날의 엄마들은 충분히 그러지 못하고 있다. 그들은 모든 것을 무제한으로 허락하는데, 그것을 통해 아이들이 마음대로 하려는 공격적 충동은 줄어들기보다는 오히려 늘어나게 된다.

힘에 종속되는 과정을 설명하는 논의에서 우리는 더 많은 증거들을 콘라드 로렌츠(Konrad Lorenz)에게서 찾을 수 있다. 그는 심리학과 동물 사회학을 비교하면서, 문명화되어 점점 더 황폐해져 가는 인간의 생활공간을 연구하고 있다. 그는 문명화된 인간들이 여덟 개의 대죄를 지으면서, 생물 발생사적으로 고정된 사회적 행동들이 심하게 붕괴되고 전통도 파괴되었다고 지적한다. 또 어린이 수천 명이 '좌절을 겪지 않은 교육'으로 인해 불행한 노이로제 환자가 되어 간다는 사실을 언급했다.

서열에 있어 더 강한 누군가에게 본능적으로 순응할 수 없게 되어 버린 아이는 강자가 없으면 보호받지 못한다고 느끼게 된다. 아이는 자신보다 강해 보이지 않는 '노예적인' 약자와 자신을 동일시할 수 없고, 그러한 이유로 그의 행동 규범들을 따르지 않는다. "정해진 사회적 행동양식과 거기에 수반되는 감정들을 따르지 못하는 사람들은 우리가 동정해야 할 불쌍한 병자들이다. 그러한 것 자체가 절대적인 악이다. 그것은 창조 과정의 부정이자 역행 — 동물이 사람으로 진화하는

— 일 뿐만 아니라 훨씬 더 나쁘고 섬뜩한 것이다. 그것은 어떤 드러나지 않는 방식으로 도덕적인 행위를 방해함으로써 우리가 좋다고 여기고 예절 바르다고 느끼는 모든 것들을 없애 버리고, 이러한 감정들에 대해 적대적인 행동까지 이끌어 낸다. 이것은 많은 종교들이 사람들로 하여금 신의 적과 적대자를 믿게 만드는 그런 현상이다. 우리가 이것을 깨어 있는 눈으로 관찰한다면, 적그리스도가 활동한다는 견해를 제시하는 신자에게 재차 할 말이 없게 되는 것이다."[1]

지배욕이 강한 아이의 문제를 어떻게 인식할 수 있는가

우리가 지배욕의 사례들을 집중적으로 다룰 수 있었던 것에 대해 공동 작업자들에게 감사한다. 또 다음과 같은 상황들도 우리에게 많은 도움을 주었다.

1. 여러 해 동안 자폐아들을 접하면서, 우리가 이들을 잘 돌봐 줄 경우 이들 가운데 일부는 사회성을 갖고 점점 더 나은 단계로 발전할 수 있다는 것을 경험하게 되었다. 이런 과정에서 그들은 엄마와 연결되었다는 사실에 기쁨을 느끼고 — 때에 따라서는 자신과 관련된 다른 사람들과 연결되는 것에 대해서도 기쁨을 느꼈다 — 지속적으로 엄마에게 그런 관계를 강요하려고 애썼다. 엄마는 이제 막 아이와 교류할 준

비가 된 것에 대해 기뻐하고 그것에 만족하며 더 많은 것을 아이에게 요구하지 않기 때문에, 엄마가 받아 주기만 한다면 아이는 독재자의 위치에 서게 되고 엄마는 지배를 받게 된다.

2. 우리가 자폐아들을 다룬다는 것이 알려지자, 자폐증과 유사한 행동 방식을 보이는 아이들이 자폐증 여부를 진단받기 위해 우리에게 왔다. 우리는 이런 아이들에게서 잘 알려진 초기 유아 자폐증의 증후군들이 나타나지 않는다는 것을 확인할 수 있었다. 그들은 마치 전능한 신과 같이 확실하게 전 세계를 자신의 요구대로 할 수 있도록 만반의 채비를 갖추고 있었다.

3. 그 즈음에 4개월에서 24개월 된 유아들도 많이 오게 되었는데, 그 아이들이 수면장애와 섭생장애[이유기나 고형식(固形食)으로의 전환기 등과 같은 시기에 나타나는 장애- 역자 주]를 일으켜 그들의 부모는 계속 불안한 상태였다. 이런 아이들에게서 우리는 자폐아들이 거치는 것과 같은 발달단계를 확인할 수 있었다. 또 독재와 강제성을 띤 전권력 사이의 유사성이 관찰되었다.

4. '페스트할텐(Festhalten)' 요법은 자폐적인 아이들이 더 심해지는 것을 막는 초기 치료로서 그리고 자폐증에서 벗어나게 하는 방법으로서 사회적인 흥미를 끌게 되었다. 페스트할텐은 일종의 치료 요법이다. 나는 이 치료 요법을 오랫동안 망설인 끝에 미국의 아동심리학자

마르타 웰치(Martha Welch)와 노벨상 수상자인 니코 틴버겐(Niko Tinbergen)에게서 받아들였으며 독일어권으로 확산시켰다. 나는 페스트할텐 치료의 발달 심리적·윤리적인 토대를 통해서 자폐증뿐만 아니라 지배욕까지 나타나는 상황에 대해 감정적으로 이해할 수 있게 되었고, 페스트할텐 효과에 대해서도 이해하게 되었다.

(나는 여기서 '페스트할텐'이란 아이를 억압하거나 소유하는 것이 아니라, 아이가 독립적인 자아로 성장할 수 있도록 준비하는 발판이 되고, 동시에 무조건적인 사랑을 주는 것이라고 강조하고 싶다.)

작은 폭군들
– 네 명의 사례

이 주제의 도입을 위해, 발달장애아동 클리닉의 상담 시간을 통해 접한 네 가지 유형의 사례를 먼저 소개하려고 한다.

알렉산더

문제 제시

상담소 근처에 있는 한 소아과 의사가 일곱 살짜리 소년을 우리에게 소개했다. 그 소년은 이 의사에게 매우 중요한 환자였다. 의사는 소년의 가족을 수십 년간 알아 왔다. 그리고 현재 열여덟 살과 열여섯 살인 소년의 형들도 돌봐 왔다. 소년의 부모는 아이들을 잘 기르려고 무척 애를 썼다.

소년의 이름은 알렉산더였는데, 그 부모가 알렉산더를 계획하여 가진 것은 아니었으나 임신 사실을 안 후에는 알렉산더가 태어나기를 진심으로 바랐다. 그리고 드디어 알렉산더는 막내로 세상에 태어났다. 알렉산더는 항상 명랑한 아이였다. 부모는 알렉산더도 형들처럼 많은 사랑을 주며 일관된 태도로 길러야 한다고 믿었다. 아빠는 작은 수제품 공장에서 열심히 일했고, 엄마는 전업 주부로 아이들을 위해 항상 집에서 생활했다. 알렉산더가 유치원에 다닐 때만 해도 별 문제는 없었다. 왜냐하면 알렉산더가 유치원 가는 것을 좋아했기 때문이다.

알렉산더가 학교에 들어가면서 위기가 시작되었다. 알렉산더는 읽고 쓰고 계산하는 것이 빠르지는 않았지만 뒤처지지도 않았다. 가족들 가운데 어느 누구도 알렉산더가 그보다 더 잘하기를 기대하지 않았으며 심리적 압박도 주지 않았다. 학교의 담임선생님이 알렉산더를 좋아하지 않은 것만은 틀림없었다고 한다. 한번은 그녀가 알렉산더를 칠판 앞으로 불러냈는데 그것이 알렉산더에게는 큰 충격이었다. 그 이후로 알렉산더는 학교에 가기를 거부했다. 예전에는 학교를 그렇게 좋아했는데도 말이다. 알렉산더를 학교로 다시 돌려보내기 위한 모든 시도가 다 허사였다. 담임선생님이 알렉산더 집을 방문했을 때, 알렉산더는 공포에 사로잡히고 불안해하면서 화를 냈는데, 그것은 마치 발작 증세처럼 보였다. 담임선생님은 전통 있는 오래된 학교에서 유능한 교사로서 경험이 많았는데, 친절하지만 엄격했다. 그녀는 이전에도 이와 비숫한 경험을 한 적이 있었지만 그 경우는 알렉산더처럼 심하지 않았다고 한다. 담임선생님에게 압박감을 느끼는 1학년생 알렉산더는 다른 반으로 옮기게 되었다.

알렉산더는 매우 섬세하고 열정적이며 자의식이 강한 소년이었다. 소아과 의사는 알렉산더의 증상을 학교공포증의 하나로 추측하였다. 알렉산더는 뇌의 손상으로 약간의 기능장애도 있었다. 그래서 좌우를 구분하는 것 같은 공간 개념에 약간의 문제가 있었다. 아마도 그것이 알렉산더가 글을 느리게 쓰는 원인일 수도 있었다. 이런 이유로 그 의사는 알렉산더를 교육 상담소에 보내지 않고 우리 상담에 참여시켰으며, 경우에 따라서는 장학사와 교장도 함께 참여했다.

아이 소개

첫눈에 이 가족은 밝은 인상을 주었다. 알렉산더는 사교적인 듯 보였고 붙임성도 있었다. 내가 그 아이에게 "너는 무엇이 되고 싶니?" 하고 묻자 즉시 "경찰서장이나 소방관장이요." 하고 대답했다. 그리고 그 아이는 자신의 엄마 같은 여자와 결혼도 하고 싶어 했다. 다만 엄마보다 좀 더 날씬한 여자이기를 원했다. 또 자녀도 낳고 싶어 했는데 단 한 명만, 그것도 단지 남자 아이를 원했다. 방갈로식 주택도 갖고 싶어 했는데, 세입자들이 세 들어 사는 집이 아니라 100명 정도의 경호원들이 살 수 있을 정도로 규모가 큰 주택이어야 한다고 말했다. 알렉산더는 성(城)도 갖기 원했다. 알렉산더가 원하는 성은 그 지역에서 규모가 가장 커야 하고, 그 안에는 레스토랑과 딸기가 있어야 하며, 사람들이 리

프트를 타고 그곳에 올 수 있어야 한다고 했다. 어떤 동물이 되고 싶은지를 물었을 때는 망설임 없이 사람들이 무서워하는 사자가 되고 싶다고 말했다. 알렉산더는 서커스에서 사자를 보았다고 했다. 그리고 엄마, 아빠, 형제들도 역시 사자로 변하기를 원했다. 이른바 사자 가족이 되기를 원한 것이다. 그러나 그 사자들은 자신보다는 작아야 했다.

알렉산더는 고정된 친구가 없었다. 자신보다 어린 아이들과 놀거나 아니면 훨씬 큰 아이들과 놀았다. 부모는 알렉산더가 노는 방식에 대해 다음과 같이 설명했다. "알렉산더는 자신보다 어린 아이들을 돕고 그 아이들과 잘 논답니다. 또 자신보다 나이가 많은 아이들에게서는 이것저것 많이 배우면서 그 아이들의 행동과 비교하길 좋아합니다. 그러면서 그 아이들과는 문제 없이 잘 지냈지요. 물론 이웃에 같은 또래의 아이도 있었지만 그 아이와는 사이가 좋지 못했어요. 마치 개와 고양이 같았지요. 알렉산더는 그 친구에게 자신의 놀이 방식을 주장하지 못했어요."

나는 알렉산더가 자신의 생각대로 되지 않을 때 상대방을 어떻게 대하는지 알고 싶었다. 그래서 그런 경우 알렉산더가 상대방에게 적응하거나 복종할 수 있는지 부모에게 물어보았다. 부모는 "아 네, 자신이 원하면 상대방을 따를 수 있어요." 하고 대답했다. 나는 계속 질문했다. "자신이 원하지 않을 때는 어떻게 하지요?" "그러면 따르지 않아요. 마치 폭군 같지요. 그럴 때는 엄마인 제가 하녀나 가정부처럼 느껴져요. 알렉산더는 채소도 안 먹고, 과일 중에는 바나나만 먹어요. 사과는 단지 설탕에 절인 것만 먹고, 고기는 덧씌운 커틀릿(cutlet: 고기에 빵

가루를 묻혀서 기름에 튀긴 서양 요리 - 편집자 주)만 먹어요."

알렉산더가 스킨십을 할 수 있는지의 여부를 묻자 엄마는 "알렉산더는 스킨십을 아주 즐겨요." 하고 대답했다. 내가 그런 스킨십의 주도권이 알렉산더에게 있는 것이 아니라 엄마에게 있을 때 어떤 일이 일어나는지를 묻자 — 사랑은 서로 주고받는 것이기 때문에 — 비로소 엄마는 깊이 생각하더니 슬픈 표정을 지으며 말했다. "알렉산더는 자신이 원할 때만 와서 스킨십을 하지요. 저는 그럴 때 아무런 영향력이 없어요."

내가 더 관심이 가는 부분은 이 소년이 무엇을 하며 어떻게 노는가 하는 점이었다. 부모는 알렉산더가 기술적인 것에 관심이 많아 레고나 자동차를 가지고 혼자 노는 것을 가장 좋아한다고 했다. 또 잠시도 가만히 앉아 있지 못하고 항상 몸을 움직여야만 한다고 했다. 아빠는, 알렉산더가 개구쟁이이고 자신도 그랬으며, 단지 오늘날은 시대가 달라져 자신이 누리지 못한 자유를 아들이 누리고 있다고 생각했다.

전사(前事)의 분석과 심리학적 관점에서의 발달장애

이 사례의 분석은 전사(前事)를 밝히는 데서부터 시작되었다. 알렉산더는 산소통이 달린 중환자실에서 어렵게 태어났으며, 엄마의 체력이 떨어져 태어나자마자 모자동실(母子同室)을 이용할 수 없었다고 한다. 생후 아홉 달이 될 때까지 알렉산더는 안정적이었고 돌보기도 편한 아이였다. 그러다가 불안 증상과 같은 수면장애와 섭생장애가 생겨났다. 이야기를 나누는 그 순간에 알렉산더의 부모는 알렉산더의 가벼운 뇌손상에 대해 다시 두려워하기 시작했다. 그들은 계속 말을 이어 나갔다. 알렉산더는 하룻밤 사이에도 열 번에서 열두 번 정도 우유병을 달라고 했는데, 그러면서도 낮에는 계속 우유병을 거부했다고 한다. 고정적인 음식으로 시기적절하게 변환하는 것도 불가능했다고 한다.

이야기를 들어 보니 알렉산더는 낯가림 단계도 거치지 않았다. 그렇다. 알렉산더는 자신의 의지를 관철시키지 못했을 때, 현재까지 지속되고 있는 반항기에 머물게 되는 것이다. 유치원에서 알렉산더는 다른 아이들에게 적응할 수 없었다. 그 대신 자신이 지닌 매력으로 유치원 교사를 자신의 편으로 만들었으며 자신을 그 교사의 협력자로 만들었다. 알렉산더는 이러한 생활 방식을 학교에서도 계속하려고 하다가 많이 실망하게 되었다. 갑작스럽게 자신이 많은 사람들 가운데 한 사람이라는 것을 인식하게 되었으며, 자신이 불만스러울 때도 의자에 앉아 집중해야만 한다는 것을 알게 되었다. 또 자신이 다른 아이들처럼 그렇게 빨리 쓸 수도 없다는 것과, 그 때문에 자신이 점점 더 신경질적이 되어 간다는 것도 알게 되었다.

뇌파도와 지각 검사, 운동반응과 지능 등을 측정하는 의학 심리 조사는 소아과 의사의 의혹을 불러일으켰다. 운동반응 부분에서 작은 장애가 발견되었다. 그것이 연필을 쥐고 글씨를 쓰는 속도에 부정적인 영향을 준 것이다. 이러한 문제들을 해결하는 데 도움을 주는 것 중에 하나는 다른 장점들로 이런 약점을 보완하도록 더욱 애쓰는 것이다.

그러나 알렉산더는 바로 이런 도움을 받지 못했다. 오히려 알렉산더는 점점 더 신경질적으로 되어 갔으며, 제멋대로인 말투와 광대 같은 행동으로 늘 중심에서 자신의 강함을 과시하려고 했다.

학교의 담임선생님이 아이들에게 칠판에 뭔가를 쓰게 했는데, 갑자기 알렉산더가 그녀에게로 뛰어나와 소리쳤다. "저 칠판의 반은 내 것인데 어떻게 선생님이 그것을 다 쓰게 하나요?" 하며 재빨리 칠판의 절반을 지웠다. 담임선생님은 알렉산더를 조용히 제자리로 돌려보냈다. 알렉산더는 점점 더 화가 나서 소리쳤다. "나는 안 가요. 선생님이 당장 나가세요!" 여교사가 조용히 그리고 놀라 어처구니없다는 듯이 웃는 표정으로 서 있는 것을 알아차리자, 그리고 이러한 행동에 대해서 다른 급우들이 웃기 시작하자 알렉산더는 복도로 뛰어나갔다. 거기서 그는 양 주먹으로 사물함 벽을 북 치듯 두드리며 소리쳤다. "선생님이 나가야 해. 선생님이 나가야만 해!" 다른 교사와 학생들이 뛰어나왔다. 그들은 이 불쌍한 소년을 위로하려고 애쓰다가 결국 집으로 데려다 주었다. 그리고 알렉산더는 학교공포증이라는 진단을 받았다.

루이자

문제 제시

우리 내과 클리닉의 여의사 한 명이 절박하게 도움을 요청했다. 두 살 반 된 여아 때문이었는데, 이태리 외국인 노동자 가족의 외동딸인 그 아이가 먹기를 거부한다는 것이었다. 그 아이는 영양 상태가 좋지 않아 바짝 마른 상태였으며, 카테터[catheter: 체강(늑막강·복막강) 또는 관상(管狀)·낭상(囊狀) 기관(소화관·방광 등)의 내용액 배출을 측정하기 위해 사용되는 고무 또는 금속제의 가는 관— 편집자 주)로 영양분을 공급받고 있었다. 정밀검사를 받았는데도 거식증에 대한 원인을 찾을 수가 없다고 한다. 그래서 여의사는 심리적인 원인이 있을 것이라고 추측했다. 그녀가 짐작하는 원인이란 그 아이의 거식증이 고향 마을인 시칠리아를 여행한 것과 관련이 있는 것 같다는 정도였다.

아이 소개

그 여아는 외모가 무척 예뻤다. 진지하고 영리한 얼굴이었으며, 크고 검은 눈은 탐색하는 듯도 하고, 마치 자신의 어린 시절을 잃어버린 듯 슬프게도 보였다. 부모는 루이자가 그 나이에 맞게 언어를 이해한다고 했지만, 루이자는 마치 아무것도 이해하지 못하는 듯 행동했다. 루이자는 며칠 전만 해도 자신이 원하는 것을 표현하고 싶을 때라든가, 자신의 행동과 다른 사람들의 행동을 설명해야 할 경우, 그리고 뭔가 질문하고 싶을 때 완전한 문장으로 말했다고 한다. 그러나 루이자는 이제 더는 말을 하지 않는다.

루이자는 부모님과 친구들을 즐겁게 해 주기 위해 자신의 마스코트를 꼭 가지고 다녔다. 루이자는 자기 자신에 대해 확신이 있었고 친구들 앞에서 부끄러워하지도 않았다. 루이자는 '나'인 자신에 대해 이야기하는 것이 아니라 루이자에 대해 이야기했다. 예를 들면, '쥬스 마시기', '차타기' 등과 같은 부정법(不定法) 표현을 사용했다. 루이자는 사람들이 자신의 질문에 어떻게 반응하는지 혹은 그들이 자신의 말을 따르는지 아닌지 시험하였다.

부모의 말에 따르면 루이자는 위험에 대해 별로 생각하지 않는 용감한 아이였다고 한다. 루이자는 아기였을 때부터 세상이 자신에게 속한 것처럼 행동했다고 한다. 고무젖꼭지도 필요하지 않았고, 잠을 재워주는 것도 필요로 하지 않았다. 부모에게 반항기에 대해 물어보자, 루이자는 항상 자신의 뜻을 관철시켰기 때문에 반항기가 따로 필요하지 않았다고 말했다.

밤이 되어 모자동실에서 유아방으로 옮겨야 할 때 루이자는 항상 소리를 질렀다고 한다. 그러면 엄마는 그러한 실망감을 다시 채워 주고 부족한 사랑을 회복시켜 주려고 애쓰며 루이자를 내내 안고 다녔다. 그러다 보니 고집 센 루이자는 자신이 어떤 방법으로 안기고 싶고 어떤 속도로 안겨 돌아다니고 싶은지 스스로 정하여 엄마에게 권력을 행사하기까지 되었는데, 그렇게 되기까지는 그리 오래 걸리지 않았다. 루이자는 엄마를 더 이상 가만히 내버려두지 않았다. 엄마는 자신이 남편에게서 그리고 임산부인 상태에서 벗어나게 되었다는 것이 기뻤으나, 이런 기쁨은 루이자로 인해 사라져버렸다. 루이자가 뛸 수 있게 되자, 루이자 자신이 얼마동안 부모 품에 안길 것인지 혹은 얼마동안 부모 손을 끌고 다닐 것인지 스스로 정하였다. 루이자는 기꺼이 스킨십도 하였으나 무척 짧았다. 2년간 배변에 큰 어려움이 없었으나 배변 장소는 스스로 정하였다. 화장실도 실내 변기도 이용하지 않았고, 거실 구석에 기저귀를 펼쳐놓을 것만을 요구했다.

루이자는 쾌활한 아이였다. 계속 움직였고 부모와 친척 그리고 소아과 의사들에게 조숙한 여아로 간주되었다.

전사(前事) 분석과 심리적인 관점에서의 발달장애

그리고 나서 그 끔찍한 여행이 있었다. 부모는 루이자를 데리고 처음으로 시칠리아에 있는 외조부모 댁을 방문했다. 며칠 안 되어 루이자는 완전히 변해 버렸다. 전에 할 수 있었던 모든 것들을 완전히 잃어 버렸다. 부모는 어떤 야단도 칠 수 없었다. 루이자 없이는 그곳을 떠날 수도 없었다.

우리는 그 '장소'에서 무슨 일이 일어났는지 재구성해 보려고 했다. 그러나 단지 여러 가지 상황을 추측할 수 있을 뿐이었다. 루이자는 위급한 상황에서는 더 이상 말을 하지 않았다. 루이자가 외할아버지 집에 처음 들어갔을 때, 그 집은 루이자에게 두려움을 주었다. 루이자는 독일에 있는 자신의 왕국을 그리워하였다. 외할아버지 집에도 없는 것은 없었으나 모든 것이 달랐다. 가구도, 사람도, 음식도, 냄새도, 독일에 있는 것은 여기에 아무것도 없었다. 익숙한 거실도 아니었고 자신의 '기저귀 화장실'을 위한 구석진 거실도 없었다. 새로운 관할 구역을 자신의 방식으로 정복하기 위해 루이자는 처음에는 꽃잎을 뜯어내더니 결국 창턱에 있는 모든 꽃병들을 쓰러뜨려 버렸다. 부모가 이런 상황을 이해해 주지 않고 야단을 치자, 루이자는 모욕감을 느껴 말을 중단해 버렸다. 루이자는 단지 자기 자신과만 이야기했다. 더 이상 부모가 보살펴 주는 것을 받아들이지 않았고 먹지도 않았다. 다음 날 아침 그녀는 기분 좋게 잠에서 깨어난 듯 보였다. 그러나 곧 다시 불안하게 온 거실을 뛰어다녔고, 사촌의 실수로 문을 닫다가 손가락을 다치게 되었다. 루이자의 부모는 사랑으로 세심하게 루이자를 돌보았으나 루이자는 위로받지 못했다. 이 사건 이후로 루이자는 말을 하지 않았으며 먹고 마시는 것도 완전히 거부하였다. 부모는 루이자에게 친숙한 환경을 마련해 주고 잘 아는 독일 의사들에게 보이려고 급히 독일로 돌아왔다. 그러나 루이자의 거부는 계속되었다.

첫번째 만남에서 루이자에게 음식을 먹이는 것은 성공하였다. 식욕은 비교적 짧은 시간에 되돌아왔으나, 정신적으로 회복되는 데는 거의 2년이나 되는 세월이 걸렸다. 가족도 치료에 동참하였다. 루이자는 행동장애아들을 위한 심리교육 치료 방식으로 치료를 받았는데도 몇 마디 의미 없는 낱말들을 제외하고는 1년이 넘도록 말을 하지 못했다. 그런 충격이 있고 난 후 2년이 지나서야 비로소 이전과 똑같은 방식의 언어로 의사소통을 자유롭게 할 수 있게 되었다.

루이자는 언어를 거부하는 것 외에도 지능퇴행과 정신장애로 발전할 위험의 기미가 있었다. 그래서 그 분야의 담당 의사들이 초기에 투입되었다. 또 루이자는 독특한 자폐증 증상도 보였다. 이 아이는 동사(動詞)를 제외한 모든 방식의 의사소통을 포기하였다. 그것도 꼭 필요한 경우에만 표현했다.

루이자는 시선 접촉이나 육체 접촉도 피했으며, 모방하려는 호기심도 전혀 드러내지 않았다.

어떤 호기심이나 목적도 없이 즉흥적으로 행동했다. 그것은 뭔가를 쌓거나 늘어놓는 것, 또는 수도꼭지를 틀거나 잠그는 것과 같은 몇몇 도식적인 조작에 국한되었다. 루이자는 수도꼭지를 틀어놓고 손가락 사이로 물이 흘러내리도록 했다. 또 놀이터에서도 비슷한 행동을 했다. 놀고 있는 아이들에게 주의를 기울이지 않았고 계속 모래를 흘러내리게 했다.

루이자가 정신장애를 일으키지 않은 것은 다행스런 일이었다. 부모와 상담치료사들의 노력은 루이자의 거부만큼이나 오랫동안 집요하게 시행되어야 했다. 아마 다른 전문가들도 루이자의 증상이 유사(類似) 장애인지 아니면 신체적으로만 제한된 장애인지 가려내기 무척 어려웠을 것이다.

여하튼 루이자는 요즘 놀랍도록 달라졌다. 루이자의 그런 행동은 그동안의 상황이 '일반적인' 장애라기보다는 정신적인 데 원인이 있지 않았나 하는 확신을 자아내게 만든다. 여자 사촌이 루이자의 집을 방문했다. 그 사촌은 루이자에게 환한 표정을 지었으며, 루이자는 그녀를 장난감이 있는 곳으로 데리고 갔다. 루이자는 사촌을 흉내 내며 그녀와 말하기 시작했다. 이러한 변화는 상담치료 없이 이루어진 것이었다.

하이꼬

문제 제시

몇 주 전 우리 소아신경과에 아홉 살짜리 소년이 왔다. 이 소년은 학교에서 사고가 난 후 심한 두통에 시달렸으며 팔과 다리에 마비증상마저 왔다고 호소했다. 그래서 그는 이미 5주나 학교 수업에 빠진 상태였다. 외래의 응급의들은 소년을 진단한 후 정신적인 데 원인이 있다고 의견을 모았다.

아이 소개

가냘프고 창백한 하이꼬는 맥없이 앉아 있었다. 그는 언어구사도 세련되었으며 지능지수도 높았고, 태도도 정중하고 상냥했다. 지능지수가 135점이었는데 그의 언어구사력이 그것을 입증해 주었다. 하이꼬는 학교에서 모범생이었으며 교사들과의 관계도 좋았다. 입양을 통해 이러한 아이를 얻게 된 것은 이들 부부에게는 정말 큰 기쁨이었다.

하이꼬는 학교에 친구들도 많았다. 그 친구들과 같은 관심거리를 나누고 지냈으며 학교 밖에서도 그들과 곧잘 어울렸다. 하이꼬의 관심거리에 대한 질문은 내가 해야 할 필수적인 질문이었다. ("너는 무엇을 하며 노는지 말해 주겠니? 너는 무엇이 되기를 원하니?") "우리는 형사놀이와 스턴트맨 놀이를 해요. 형사와 스턴트맨 두 역할을 동시에 할 수도 있어요." 하이꼬는 내게 신이 나서 설명했다. 그것이 어떤 놀이인지 내가 의아해하자 상세한 설명을 덧붙였다. "형사놀이는 죄 없이 판결을 받은 사람들을 돌보아 주기도 하고요, 진범 살해자를 찾아 온 세상을 뒤지고 그에 대한 증거를 찾아내는 거예요. 어떨 때는 유(U)보트(제1·2차 세계대전 때 대서양·태평양에서 활동한 독일의 중형 잠수함– 편집자 주)도 이용해야 하고, 어떨 때는 헬리콥터를 타거나 또는 지붕에서 지붕으로 뛰어다녀야 해요." 나는 결론을 내렸다. 영리하지만 터무니없는 만능

맨, 다시 말해 영웅심리가 문제라고 결론지었다. 하이꼬는 친구들이 그것을 위해 열심히 훈련한다는 것을 강조했다. 그들은 근육강화훈련을 위해 보디빌딩을 했고, 계단을 오르내렸다. 그는 마치 전혀 아프지 않은 것 같았다.

하이꼬의 부모에게서 보디빌딩이 그 소년에게는 이미 강박관념으로 작용한다는 사실을 전해 들었다. 하이꼬는 카탈로그를 모으고, 근육을 키우는 데 도움이 되는 음식에 관한 신문 기사를 모았으며, 모든 사람들에게 그 주제에 대해 말했다. 텔레비전 프로그램도 보디빌딩과 관련된 것만 보았다. 가족과의 모든 대화도 보디빌딩이 주제였다. 하이꼬는 음식도 근육을 강화시킬 수 있는 것만 골라서 먹었다.

그 부모는 나이가 들었고 보수적이며 사회 활동도 활발히 하는 부부였다. 그들은 아이를 가지려고 여러 해 동안 애태우며 기다렸다. 그들은 하이꼬가 약자들을 용감하게 도와주며 자신의 가치에 대한 인식을 발전시켜 나가는 것이 당연하다고 여겼다. 그 때문에 부부는 무엇이든 하이꼬에게 기꺼이 양보했으며, 하이꼬가 무엇에 관해 말하건 들어주었고, 음식도 그가 원하는 것으로 만들어 주었다. 그러면서 어린 딸을 하이꼬의 끊임없는 참견, 더 자세히 말해 하이꼬의 지배에서 보호해 주지 못했다. 부부는 모든 것이 정상이라고 생각했다.

그 부부가 당시 세 살이던 하이꼬를 입양했을 때, 하이꼬가 균형 잡힌 자의식을 잘 발전시킬 수 있을지가 그들의 가장 큰 걱정거리였다. 판사인 아빠와 이전에 사회사업가였던 엄마에게 인격적인 부분에 관한 염려는 당연한 것이었다. 부부는 나이가 많고 행동장애도 있는 수

용시설의 아이들 중에 가장 어리고 육체적으로 약한 이 아이가 억압을 받아 왔다는 점이 마음에 걸렸다. 하이꼬가 보호를 제대로 받지 못하고 애정이 결핍된 상태를 견뎌야 했다는 것도 그들은 알고 있었다. 여학생 미혼모의 원치 않는 아이로 이 세상에 태어났을 때, 그 어린 엄마는 자신의 아이를 한 번도 보지 않으려 했다. 생모는 오랫동안 아이를 입양시켜야 할지를 결정하지 못했다. 그러는 동안 하이꼬는 3년이나 보호시설에 머물러야 했다. 보호시설에 있었기 때문에 낯가림 단계도 보이지 않았고 반항시기도 드러나지 않았다.

부모와 친척들은 하이꼬가 원하는 것들을 우선적으로 다 들어주었다. 하이꼬는 좋은 토양에 자신의 뿌리를 내린 것이다. 하이꼬의 부모는 하이꼬가 네 살 때 8개월 된 여자 아이를 입양했다. 하이꼬가 어떤 방식으로든 동생에 대해 시기하지 않는 것을 모두 의아해했다. 오히려 그 반대로 하이꼬는 어린 여동생을 도와주었으며, 오늘날에도 여전히 그렇게 행동하고 있다.

전사(前事) 분석과 심리적 관점에서의 발달장애

관련 어린이 시설을 추적하여 분석해 본 결과, 어린 하이꼬가 억압을 당한 것이 아니라 오히려 다른 어린이들과 보모들에 의해 버릇없이 키워졌다는 결론을 내리게 되었다. 많은 다른 어린이들이 부족한 모성애를 만회하기 위한 역방편으로 하이꼬를 돌보았으며, 하이꼬가 제멋대로 하도록 내버려 두었다. 어린 하이꼬는 원하는 것을 무엇이든 다 할 수 있었다. 입양된 후에도 이런 상황은 계속되었으며 점점 더 심해졌다. 하이꼬는 집에 오자마자 자기가 원하는 대로만 하려고 했다. 마른 국수를 좋아하여 곧잘 씹어 먹곤 하는데도 간 음식만 먹으려고 했다. 바나나도 케이크용 포크로 으깨어야만 먹었다. 그것도 일반용 보통 포크로 으깨면 먹지 않았다. 엄마가 딱딱한 음식을 줄 때는 폭력을 휘두르고 소리 지르며 엄마를 발로 찼다. 또 서로 눈을 마주보며 안는 것을 거부했고, 업는 기구에 실려서 등에만 매달려 있으려고 했다. 하이꼬에게는 피부 접촉을 통해 사랑을 느끼면서 사랑을 주는 것보다도 뭔가를 보고 어디론가 돌아다니는 것이 더 중요했다.

새로운 아이를 입양할 때 하이꼬에게서 나타날지도 모르는 질투를 막기 위하여, 부모는 하이꼬 자신이 이제 큰 아이이고 아기를 돌보아 주어야 하는 입장임을 주지시켰다. 하이꼬는 자신에게 맡겨진 역할을 잘 받아들였다. 자신과 여동생을 비교해 볼 때, 자신이 더 인정받고 있으며 관심 어린 사랑도 더 많이 받고 있다는 것을 느끼고 있었다. 하이꼬는 항상 여동생보다 더 비중 있고 강한 위치에 놓여 있었다. 지속적인 사랑을 받았으며 자신이 원하는 것들은 다 이룰 수 있었고, 그밖에 독재적인 — 도와준답시고 자기 멋대로 도움을 받는 사람에게 횡포를 부리는 — 조력자의 역할도 하고 있었다. 이 시점에서부터 하이꼬는 가장 강한 자의 역할 외에 도와주며 이끄는 역할까지 해야만 안심이 되었다. 친구들이 하이꼬의 집을 방문할 때면, 마치 그들이 자비로운 한 어린 왕을 알현하기 위해 대접받는 것처럼 느껴졌다. 하이꼬는 아이답지 않은 질문으로 대화를 이끌어 나갔다. 하이꼬의 눈에 띄지 않는 행동과 하이꼬가 입양아인 점 등을 감안하여 모두 그를 잘 대해 주었다. 손님들이 있을 때는 엄마도 하이꼬에게 간 음식 말고 다른 음식을 줄 용기가 없었다고 한다.

학교에서는 다음과 같은 경위로 사건이 일어났다. 쉬는 시간에 하이꼬와 친구들은 가라데 놀이(일본을 대표하는 타격계 격투술- 편집자 주)를 하고 있었다. 그러다가 그만 미끄러져 머리를 책상 모서리에 부딪혔다. 하이꼬는 그때 자신이 학교 친구들 앞에서 울어야만 했던 상황이 그렇게 마음 아팠다고 울면서 말했다. 같은 반 친구들이 하이꼬를 집으로 데려다 주었다고 했다.

하이꼬는 자신이 지니고 있던 모든 보장된 힘들이 사라진 것처럼 느껴졌다. 하이꼬는 용기를 잃었다. 이제 더는 자신의 빠른 두뇌회전도 기대할 수 없고 근육의 강한 힘도 의지할 수 없었다. 이제 하이꼬는 도움을 주는 사람이 아니라, 다른 사람들의 도움을 받아야만 하는 사람이었다. 이제 그는 가장 힘센 사람이 아니라 패배자였다. 상실과 절망의 정신적인 고통은 그의 머리와 근육으로 파고들었다.

미카엘

문제 제시

미카엘의 부모는 둘 다 교사이다. 엄마는 처음 임신을 한 후 직장을 그만두었다. 그리고 미카엘을 낳은 후 2년 터울로 아이를 두 명 더 낳았다.

여덟 살인 미카엘의 문제는 청각장애와 행동장애 그리고 정신적 장애에 대한 의혹이었다. 그에게 입술 모양을 보여 주며 읽는 것을 가르쳐 보려는 시도는 지금까지 모두 실패했다. 그 때문에 미카엘은 2년째 다니고 있는 청각장애자 학교의 교사들에게 어려움을 안겨 주었고, 교사들은 청각장애와 정신장애를 동시에 안고 있는 아이들을 위한 학교로 옮길 것을 부모에게 권했다. 그런데 그 학교는 집에서 너무 멀리 떨어져 있기 때문에 거기에 다니려면 학교에서 마련한 수용시설을 이용해야만 했다. 부모는 언젠가 한 번은 이런 수용시설을 이용하게 되리라고 예상하고 있었는데, 지금은 시기상조라고 생각했다. 그러나 삶에서 많은 것을 포기해야만 하는 이런 어린이들을 가르치는 교사들은 상반된 의견을 가지고 있었는데, 그들의 견해에 따르면 심한 행동장애가 있는 소년에게는 잠시 시설에서 생활하는 것이 그리 해가 되지 않는다는 것이다.

미카엘의 학교생활에 관한 보고서를 읽어 보니, 그는 수업시간에 자신이 원하는 것만을 한다고 적혀 있었다. 미카엘은 그 누구의 말도 따르지 않으며 어떤 것에도 관심을 보이지 않았다. 한가운데서 놀면서(아마도 선동하기 위해서 쓸데없이 빙빙 돌고), 수업하는 동안 옷을 벗고, 친구들을 이유 없이 갑자기 때리고, 그들의 노트를 찢고, 그밖에도 여러 행동들이 있다. 그렇게 행동했다고 한다.

미카엘에게는 과제를 해결할 능력이 없기 때문에 시험을 볼 능력도 없다고 교사들과 심리학자들은 판단했다. 또 그렇기 때문에 지능도 떨어진다고 확신했다. 미카엘은 스스로 옷을 벗을 수는 있으나 입을 수는 없었다. 미카엘은 가위를 들고 돌아다닐 수는 있으나 그림에 대해서는 이해하지 못했다. 미카엘은 의사소통의 표시인 머리 끄덕임이나 손짓, 눈짓과 같은 신체 신호를 따라하지 않았다. 이러한 상황에서 미카엘이 입술의 움직임으로 읽기를 배울 수 있을 가능성은 매우 적었다.

그런데 미카엘의 부모는 집에서 완전히 다른 미카엘의 태도를 볼 수 있었다고 한다. 집에서 미카엘은 스스로 옷을 입기도 하고, 가위를 들고 돌아다니며 요리책을 자르기도 했다. 그림에 대한 이해력도 아주 좋고 동생들의 책에 나온 그림을 그려 달라고 아빠를 조르기도 했다. 심지어 여러 개의 그림 낱말들도 읽을 수 있었다. 그런데 교사들은 그것을 인정하려고 하지 않았다. 교사들은 부모가 항상 자녀의 장애를 인정하려 하지 않는다는 것을 잘 알고 있었기 때문이다. 미카엘이 학교에서 하던 행동 가운데 두 가지 행동이 집에서도 발견되었다. 미카엘은 어떤 행동도 모방하지 않았으며, 특히 손님이 오면 주의를 끌기 위해 옷을 벗었다.

내가 해야 할 과제는 미카엘의 지능을 평가하고 그가 다닐 학교의 종류를 선택하여 결정해 주는 것이었다.

아이 소개

미카엘은 눈빛이 살아 있고 잘 생겼으며 곱게 자란 소년이었다. 상담실에서 그는 시선을 이리저리 빨리 돌리며 무엇은 해도 되고 무엇은 하면 안 되는지를 알아차렸다. (그런 미카엘의 행동은 지능을 나타내는 것이었다.) 우리가 모두 자리에 앉기도 전에 미카엘은 내 책상 위를 뒤적여 가위를 찾아냈다. 그리고 가위로 전선을 자르려 했다. 내가 강력하게 "안돼!" 하고 말하자 가위를 치우고는 장난감이 있는 곳으로 갔다. 미카엘은 장난감에는 흥미를 보이지 않았다. 공간을 다시 살펴보고는 사과가 담긴 광주리를 찾아냈다. 그리고 사과를 하나씩 집어 들고는 한 입 깨물고 다시 뱉으며 그 사과를 바구니에 도로 집어넣었다. 나는 이 상황을 즉흥적인 테스트로 삼아보려고 했다. 나는 끼어들지 않고, 부모에게 미카엘을 자리에 앉히거나 그와 함께 장난감이 있는 곳으로 가도록 요청했다. 두 가지 모두 불가능했다. 미카엘은 사나운 짐승처럼 대들었으며, 때리고 차고 물었다. 부모는 미카엘을 진정시키기 위해 엄마든 아빠든 한 사람의 품에 안으려고 애쓰다 억지로 그를 안았다. 30분쯤 지나서 미카엘은 다시 조용해졌다. 부모는 최근에 항상 미카엘을 이렇게 다루어 왔다고 말했다. 그들은 자폐아들을 돕는 '페스트할텐(Festhalten)'에 관하여 알고 있었던 것이다. 그 부모는 미카엘이 자폐증이 있다고 여기지 않았으나 그가 정상이라고도 생각하지 않았다. 그들은 '페스트할텐'이 미카엘을 도울 수 있을 거라고 생각했다. 그리고 그것은 이미 도움이 되었으며, 그들은 미카엘이 전보다 더 효과적인 반응을 보인다고 느꼈다.

전사(前事)의 분석과 심리적 관점에서의 발달장애

미카엘은 태아(胎兒)일 때부터 문제가 있었다. 미카엘의 엄마는 임신 5개월 때 심한 교통사고를 당했다. 그 사고로 그녀는 마취를 하고 매우 어려운 수술을 받아야만 했다. 그녀는 의식이 없었고 동행한 사람도 없었기 때문에 의사들은 그녀의 임신 사실을 알지 못했다. 미카엘은 4주 빨리 태어났고 태어난 후 바로 14일 동안 인큐베이터에 들어가 있어야 했다.

퇴원한 후 처음에는 모든 것을 정상으로 여겼다. 미카엘은 엄마 아빠가 달래 주기를 바라며 매우 큰 소리로 악을 써 댔다. 눈 맞추기나 웃기 등과 같은 단계별 성장 과정은 나이에 맞게 진행되었다. 뻐꾸기 소리를 내며 숨는 놀이를 할 때서야 비로소 미카엘이 숨는 것을 눈으로 보아야만 그 숨은 사람을 찾아낼 수 있다는 것을 알게 되었다. 미카엘은 부르는 소리에 응답하지 않았다. 아홉 달이 지나서야 미카엘이 아무 소리도 듣지 못한다는 진단을 받게 되었다. 의사소통을 계속 유지하고 그를 이해한다는 것을 인식시키기 위하여, 부모는 그가 보내는 모든 신호에 반응해 주었다. 또 미카엘의 모든 동요에 관심을 보이려고 애썼다. 그들은 모든 그의 눈짓과 손짓에 반응해 주었다.

미카엘은 계속 성장하였고, 그가 뭔가 부족하다는 것을 아무도 눈치채지 못했다. 미카엘은 유머도 많았고 만족할 줄도 알았으며 사람들과 항상 좋은 관계를 유지했다. 또 고무젖꼭지나 그런 대체물에도 매달리지 않았다. 미카엘의 놀이 태도는 이른바 정상에서 벗어나지 않았다. 그는 마치 인형들이 살아 있기라도 한 듯 먹을 것을 주곤 했다. 그것은 미카엘이 상징적인 것을 이해한다는 입증이었다. 그러나 미카엘과의 의사소통은 매우 어려웠다. 부모는 미카엘이 그들을 이해하는 것보다 그들이 미카엘을 더 잘 이해한다고 늘 생각했다. 부모는 그것을 미카엘의 심한 감각장애로 이해했다.

미카엘은 듣지 못하는 것뿐만 아니라 평형감각과 운동반응 분야에서도 추가로 가벼운 장애를 보였다. 머뭇거리며 잘 따라하지 못하는 것과 아이의 불안한 움직임은 바로 그 때문이었다. 그것은 미카엘이 자신의 관심으로 세상을 보고 그것에 따라 행동하려 해도 운동장애 때문에 할 수 없었다는 점을 추측하게 해 주었다. 이것은 미카엘로 하여금 다시 자신에 대해 불만족하게 만들었고 내면의 긴장을 안겨 주었으며 불안감마저 야기시켰다.

장애의 파문은 계속 되었다. 여동생이 태어났을 때도 그랬다. 엄마가 여동생을 낳는 동안 자신의 곁에 없었다는 것이 미카엘을 불안하게 만든 것이다. 미카엘은 병원을 방문했을 때 엄마와 눈을 마주치려 하지 않았다. 엄마가 퇴원한 후 미카엘의 응석을 다 받아 주었을 때 비로소 엄마와 화해하였다. 둘째딸이 돌보기 수월했기 때문에 엄마는 그럴 수가 있었다. 그러나 여동생이 점점 자라면서 말을 하게 되고 재롱도 부리며 모든 사람의 마음을 사로잡자, 미카엘은 점점 더 불만족스러워하며 도발적이고 파괴적으로 변해 갔다.

즉흥적인 상황에서 한 그의 행동진단을 보면서 — 일반 전통적인 테스트보다 더 신빙성이 있다. 왜냐하면 미카엘은 여기에서 그의 능력을 자유롭게 드러냈기 때문이다 — 몇 가지 모순점을 발견했다.

장애를 보이는 행동은 단지 따라할 수 있는 모방행동이 부족한 것에 원인이 있었다. 미카엘은 약 6개월쯤 되었을 때 손뼉 치는 놀이를 이해할 수 있었으며, 그것은 그에게 즐거움을 주었다. 그런데 미카엘은 그것을 따라하지 않고 파트너가 손뼉을 치도록 손을 잡아끄는 역할을 주도했다.

마찬가지로 시각적으로 구별하는 것이나 그것을 기억하는 것에도 문제가 없었다. 그렇지 않다면 그는 읽을 수 없었을 것이다. 부모는 미카엘이 텔레비전을 보며 스키체조나 마술사의 행동을 어떻게 흉내 내는지 관찰했다. 그러나 미카엘은 자신이 관찰되고 있다는 것을 느끼자 곧 중단했다. 이런 예들이 많이 있었다. 그것은 미카엘이 몸짓언어를 본질적으로 이해하고 있다는 것을 보여 주는 것이었다. 미카엘에게 부족한 것은 다른 전제들이었다. 즉, 미카엘은 다른 사람과의 의사소통에 잘 적응하지 못했으며, 주어진 행동규칙에도 잘 적응하지 못했던 것이다.

사회성 발전에서 기본 전제가 부족하다면 지능 역시 정확하게 평가할 수 없다. 왜냐하면 두 개의 능력이 상호작용을 하기 때문이다.

우리는 미카엘이 입술로 읽는 것을 배우지 못한다는 점이 사회적인 행동에 장애를 가져오지만, 그것이 사고(思考)가 부족한 것은 아니라는 결론을 얻게 되었다.

폭군적인 아이들의 장애양상에서
드러나는 공통점

많은 아이들을 대표하여 앞서 소개한 네 가지 사례에서 공통점을 추려 본다면 대개 다음과 같은 경향들이 나타나는 것을 알 수 있다. 물론 항상 그런 것은 아니지만 나타나는 양상은 대개 다음과 같다.

1. 부모들은 어떤 극단적인 교육관이 아니라 대개 일반적이며 상식적인 교육관을 지니고 있다. 그들은 중산층에 속하거나 지식인층에 속한다. 그리고 이미 오래 전에 '반권위적인 물결'을 위험으로 인식해 왔다. 그들은 이제 막 피어나는 아이의 의지를 부모의 권위로 꺾으려 하지는 않으나, 그 한계를 설정할 필연성에 대해 확신하고 있다. 그들은 왜 이런 인식을 문제가 된 그들의 아이에게만은 적용할 수 없었는지 의아하게 생

각한다. 부모들은 폭군적인 아이를 제외한 다른 자녀들을 사회적이고 독립적인 인격체로 교육할 수 있었다. 부모가 교사인 경우에는 특별한 엄격함 없이도 전체 학급에서 규율을 잘 구축해 나갈 수 있었다. 한 번은 폭군적인 아이의 엄마이자 직업이 교사인 한 부인이 절망적인 상태로 내게 와서 물었다. "30명이나 되는 우리 반 아이들은 제 말에 복종하는데, 우리 아들은 도무지 저한테 주의를 기울이지 않아요. 어떻게 해야 하지요?"

대개의 경우 가족관계도 별 문제가 없다. 가족관계의 긴장감이 다른 가족들보다 크지 않으며, 가족관계가 폭군적인 아이의 문제를 둘러싼 자극제로서 크게 작용하지 않는다. 가족간에 비정상적인 긴장감이 감도는 경우는 다음과 같은 시점이다. 즉, 가족이 아이의 행동장애에 대한 책임을 서로 떠넘길 때, 그리고 그 장애로 인해 가족간에 불화가 생겨났을 때이다.

이런 아이의 엄마들은 자신의 일을 위해 전력투구해 왔지만, 대개는 아이를 위해 결국 자신들의 직업을 포기하고 만다. 자신의 아이를 일반 복지기관에 보내고 싶지 않기 때문이다. 그런 엄마들은 아이가 폭군적인 지배자가 되고 나서야 비로소 자신들이 그 아이의 노예가 되고 말았다는 것을 인식하게 된다.

2. 폭군적인 아이들의 지능은 정신적 장애로 인해 (유기체적인 뇌손상 혹은 몽골리즘으로 인해) 평균값을 벗어나 있기도 하며 천재적인 지능을 보이기도 한다. 확실히 지능은 지배욕의 발생에 특별한 역할을 하지는 않는다.

3. 성별로 구분해 볼 때는 분명히 여아들보다 남아들에게서 더 많이

나타난다. 남아들은 조산아, 최소대뇌장애, 독서곤란증세, 자폐증 등의 분포에서도 여아들보다 더 높은 분포율을 보인다. 그러나 가장 높은 비율은 역시 폭군적인 성향에서 나타난다. 잠정적인 통계조사 수치에 따르면 여아와 남아의 비율이 1 대 5 정도 된다. 여기에 대한 답은 명료하다. 바로 아들을 강한 남자로 그리고 가문을 이어받을 상속자로 키워야 한다는 전통적 기대치 때문이다. 보통 남아들을 여아들보다 훨씬 더 과보호하여 키우게 된다. 아빠들은 자신이 이루지 못한 소망들을 아들에게 전가하고, 엄마들은 아들을 응석받이로 키운다. 달리 표현하자면 사람들은 '마마보이'에 대해서는 언급해도 '마마걸'에 대해서는 언급하지 않는다.

4. 이런 아이들의 가족 형태는 대부분 핵가족이며 그들은 생후 2년간 특수한 상황에 처하게 된다.

- 외동이인 경우: 모든 어린이의 3분의 1 이상, 즉 말하자면 35%가 외동이로 성장하고 있다.[2] 에릭 블루멘탈(Erik Blumenthal)은, 외동이들이 자신보다 어리거나 더 나이가 많은 또래들 사이에서 중점 인물로서 자신의 위치를 확보하고 있으며 과도할 정도로 자기 자신에 대한 관심을 드러낸다고 언급했다.[3]

- 장남이나 장녀인 경우: 대개 두 살 미만까지는 아이들이

외동이로 자란다. 빅토르 루이스(Victor Louis)는 특히 "첫 아이로 태어난 모든 아이는 잠정적으로 카인의 표식을 지니고 있다."[4]고 강조하고 있다.

• **막내둥이인 경우**: 먼저 태어난 형제들과 나이 차가 많이 나는 아이는 대개 외동이처럼 성장한다. 그 아이는 다른 형제들보다 훨씬 더 많은 배려를 경험한다. 부모가 이미 조부모의 나이이기 때문이다. 그 나이가 되면 대개 자식 교육을 성공적으로 마치고 막내를 손자처럼 버릇없이 키우게 된다. 이럴 경우 형제나 자매들은 더 이상 늦둥이로 태어난 동생에게 질투하지 않는다. 그들은 오히려 동생을 장난감처럼 취급한다.

내가 관찰한 바에 따르면, 지배욕구가 쌓여 가는 과정이 주로 나이가 어린 아이들과 나이가 있는 아이들 사이의 관계와 연관이 있다는 앨프레드 아들러의 지적은 옳다. 그는 형제서열에서의 위치가 자기 과시욕을 자아내거나 열등감을 심어 주는 상황에 대해 연구했다. "집에서 지낼 때 아이들은 여러 가지 면에서 동등하지만, 형제서열을 통해 보면 아이들 각자의 심리적인 상태는 다른 형제들과 구분된다."[5]

• **입양아인 경우**: 입양부모들은 입양아의 결핍된 애정이나

부족한 신뢰에 대한 욕구를 채워 주고, 아이들에게 그 부모들의 사랑을 확신시키려고 무척이나 애를 쓴다. 그러나 모자란 사랑을 보완 충족시켜 주는 것 역시 폭군적인 아이를 만드는 데 잠재적으로 일조한다.

• 첫째 입양아인 경우: 이러한 아이들에게서는 입양아로서 그리고 맏이로 태어난 아이에게서 나타나는 행운과 위험이 복합적으로 나타난다.

• 유색 입양아인 경우: 입양부모들은 입양아들의 의지와 자의식 발달에 특히 관심이 있다. 외국인에게 적대적인 사회 속에서, 아이에게 자기주장의 기회를 주기 위해 부모들은 최선을 다한다. 그밖에도 아이는 자신의 다른 외모로 인해 그를 둘러싼 환경과 사회 속에서 많은 관심을 받게 된다.

• 위험한 상태에 놓여 있는 아이인 경우: 그들은 병이나 감각장애, 육체적 · 정신적 장애로 위험한 상태에 놓일 확률이 높다. 경련성 기관지염, 발작, 호흡곤란, 호흡정지 등으로 고통받는 아이들이나 물리치료를 받아야 하는 아이들, 자아발달과 의사소통에 큰 장애가 있는 아이들이 그 예가 될 수 있다. 그들은 늘 연민을 받고 자라며 집 밖

에서는 받을 수 없는 그런 연민도 애써 받으려고 한다.

5. 선천적으로 장애를 타고 난 경우에는 어려움 속에서도 잘 지낸다. 그러나 확실한 것은 모든 장애아들이 엄마와 밀접한 공생 관계를 구축한다는 점이다.

6. 먼저 가볍게 넘겨 버릴 수 있는 경우의 아이들이 문제가 될 수 있다는 사례가 자주 보고 된다. 6개월에서 두 살까지의 아이들에게는 변화 단계가 있다. 그 과정에는 대개 산만한 불안 증세가 동반된다. 이 변화는 자아 정체성의 이전 단계로서, 반항기에 앞서 부모의 이목을 집중시키려는 특별한 상황들과 더불어 나타난다. 예를 들면, 치아 발육시나 접종시, 섭생장애와 수면장애, 병이 나거나 점점 더 몸의 움직임이 증가하는 경우가 그렇다.

흔히 이런 병적인 불안이 활달하고 활동적인 것으로 보이기도 한다. 부모는 아이들이 매우 활발하다고 여기며 그대로 내버려 둔다. 부모들은 여기서부터 이미 지배욕이 시작된다는 것을 알아차리지 못한다(루이자의 경우).

7. 인성발달의 관점에서는 정상에서 벗어난 경우들이 눈에 띄게 나타난다. 다음 장에서 나는 지배욕과 이런 이탈행위 사이의 연관 관계를 조사하여 제시하고자 한다. 인성발달의 각 단계에서는 제지의 결과가 중요하다. 그런 과정에서 아이는 세상에 대한 막강한 지배력을 분

명히 체험하게 되기 때문이다.

앞서 소개된 사례들을 분석해 보면, 낯가림 단계(대략 8개월)와 반항기(두 살과 두 살 반)가 지속되는 경우를 확인할 수 있다. 부모들은 아이의 반항기가 빨리 왔으며 학교를 다니고 있는데도 낯가림이 '오늘날까지 지속되어' 나타난다고 이야기한다.

지능이 떨어지는 아이들이나 지나치게 내성적이며 기술적인 방면에만 재능이 있는 아이들은 언어구사에 있어 '나' 라는 표현이 늦어지는 경향이 있다. 아울러 수행능력과 인격형성에서도 퇴행성향이 나타난다.

아이들은 대개 하루 종일 고무젖꼭지에 의존하지 않는다. 단지 잠이 들려고 할 때만 고무젖꼭지를 빤다. 이른바 '이행 대체물' 혹은 '이행현상'은, 자신의 신체 일부 — 예를 들어 엄지손가락 같은 — 나 엄마 몸의 일부가 아닌, 수건이나 곰 인형과 같은 그 대체물들을 늘 들고 다니는데 대개 첫 일년이 지나면 엄마에게서 독립하면서 점차 포기하게 되나, 지배적인 아이들은 이런 것을 전혀 이용하지 않거나 아니면 수년간 의존하기도 한다.

정해진 대상에 대한 심한 집착 말고도 수집하려는 강한 의지도 나타난다. 강한 자기애도 지배적인 것과 관련이 있다. 이런 의지들 뒤에는 분리나 독립을 미루려는 고집이 담겨 있다.

지배적인 아이에게서는 독립이 일어나지 않거나 부분적으로만 일어난다. 부분적인 독립은 자기 자신 안에서 모순을 이루기도 하는데,

지배욕이 강한 아이일 경우 이러한 독립 형태는 전형적이며 병적이다. 아이는 지속적으로 그리고 공생적으로 엄마의 특성이나 특정한 삶의 영역에 관여하며 자신의 힘을 행사한다. 엄마를 자신의 지배 아래 두면 둘수록 아이는 엄마한테서 더욱 독립할 수 없게 된다.

8. 또 지배적인 아이는 정해진 영역 안에서 힘을 행하며, 각 영역은 고유한 행동 규칙들을 지니고 있다(미카엘의 경우). 흔히 그 영역들 사이에 경계가 형성되기도 한다. 예를 들면, '거리에서는 천사'인 경우와 '집에서는 악마'인 경우가 그러하다. 간혹 우리는 아이의 '가슴 안에 두 개의 영혼'이 있는 것 같은 인상을 받는다. 특정한 음식만을 고집하거나 특정한 사회적 역할을 고집하게 되면, 이들의 개별적 힘들이 실력을 행사한다.

9. 일반적으로 이들의 태도에서는 자기중심적인 면이나 독선적인 요구들 그리고 끊임없는 욕구의 표출 등이 눈에 띈다. 이런 점과 관련하여 잊을 수 없는 에피소드가 하나 있다. 일곱 살짜리 소년이 의사의 진료실에 들어서면서 많은 아이들의 얼굴이 들어 있는 몽타주 사진을 발견하고는 화를 내며 내게 물었다. "왜 내 얼굴은 없어?" 지배적인 아이들은 인정받거나 자신의 권리를 확대하는 것에 끝이 없는데, 마치 밑 빠진 독에 물 붓는 것과 같다.

그들의 요구는 하나님과 맞먹을 정도이다. 실패를 견디지 못한다. 지배자에게 지는 일이란 있을 수 없다는 것이다. 지는 게임은 그에게

한 편의 드라마에 불과하다. 자신 없는 행동들은 즉시 포기해 버린다. 또 자주 신경질적으로 반응하며 불안하게 움직이고 안절부절못하는가 하면 무엇이든 기다리지 못한다. 지배적인 아이는 낯선 물건이나 사람들에 대해서도 거리를 두지 않는다.

아이는 끊임없이 자신의 지배력으로 세상을 시험한다. 간혹 어쩔 수 없이 실패할 경우 칭얼거리거나 불평하는 것으로 반응한다.

특정한 물건이나 활동에 대해 극단적으로 집착하며 의존도도 매우 높다. 지배적인 아이들의 음식괴벽에 대해서만 나열해도 책 한 권을 채울 수 있을 정도이다. 예를 들면, 고기에 계란만을 덧입힌 슈니첼, 오로지 생선구이와 닭의 껍질, 토마토소스만 뿌린 고기, 야채 중에는 오로지 시금치, 과일 중에는 오렌지만, 씹어야 하는 음식으로는 꼭 마른 국수 등이 있다.

여러 가지 예를 들 수 있다. 특정한 음식만을 좋아하는 것보다 훨씬 더 심한 것은 주어진 음식을 거부하는 것이다. "아이가 무엇을 잘 먹어요?" 하고 묻는 것이 무엇을 안 먹는지 물어 보는 것보다 더 간단하다. 엄마 젖을 떼지도 않고 고형식(固形食)도 먹지 않으며 먹여 주어야만 그것도 간신히 먹다가 결국 카테터를 코 안에 끼고 돌아다니는 아이들도 있다. 병원 직원들과 교육상담원들의 치료나 여러 교육적인 방법들도 실패했다. 배고픔이나 어떤 보상을 챙기려는 희망도 아이를 고집센 행동에서 벗어나게 하지 못한다. 뭔가 해내야 하는 일에서도 유사한 경우가 많다. 펄론(Perlon: 나일론에 상당하는 독일의 합성 섬유- 편집자 주) 양말이나 커다란 장식용 머리핀을 갖게 될 때만 배우려는 여자 아이도 있다. 그 아이는 특정한 보상을 받기 위해 배운다.

10. 사회성에 있어서는 기본적으로 적응능력이 부족하다. 다시 말해 상대의 욕구를 인정하고 그런 욕구들과 타협할 준비가 되어 있지 않다. 지배욕이 강한 아이는 스스로 자신의 적응형태도 규정한다. 예를 들면, 즐거움이 따를 때만 돕거나 다른 사람의 말을 수용한다. 이러한 이기주의적인 행동은 애정을 나누는 데서도 마찬가지이다.

아이가 부모에게 졸라대는 정도에 따라, 부모는 배제된다고 느끼거나 이용당한다고 느낀다. 또 부모들은 아이가 부모를, 특히 주로 엄마를 조종할 수 있다고 생각한다. 나는 일을 하다 보면 부모들의 반대에 부딪히지는 않으나 부모들에게서 비애감을 느끼게 되는데, 그들과 마음 열고 대화하는 게 쉽지 않다. 물론 부모들이 지배적인 아이들의 행동에 동감하지는 않는다. 아이들의 난폭한 처신에 대해 부모들이 불평을 토로하기는 하지만, 아이들을 좋지 않게 평가하는 것에 대해서는 부담감을 느낀다. 그들은 아이가 무엇을 했는지 아이 스스로 알지 못하는 것은 문제가 되지 않는다고 여긴다. 부모들은 아이가 매사를 거부하는 것이 아니라, 그것이 무엇인지 알지 못하는 것이라고 생각한다. 그런데 특이하게도 아이는 상대방이 어떻게 느끼는지, 또 무엇이 문제인지에 대해 확실하게 인식하고 있다. 아이의 느낌은 다른 사람, 즉 대상을 향한 것이 아니라 자기 자신과 관련되어 있다.

아이는 지나치게 비판에 민감하며 자신의 잘못을 인정하지 않는다. 아이는 타협하지 못하기 때문에 자신과 같은 부류의 사람들과 협력하지도 못한다. 또 자신에게 맞는 친구만을 선호하게 되는데, 가장 좋은 친구란 자신보다 더 나이가 들었거나 더 어린 아이들이다.

형제자매들 중 누군가가 자신의 왕권에 대항해 권력투쟁하는 것을 허용하지 않는다. 지배적인 아이는 자신을 가장 강한 자로, 큰형보다도 더 강한 자로 여기고, 어린 동생보다도 자신이 더 사랑 받는다고 여긴다. 그래도 부모들은 아이가 새로 태어난 형제들과 잘 지내는 것으로 흔히 잘못 인식하여 칭찬을 마다하지 않는다.

뭔가를 배우는 것에 대해서도 지배적인 아이들은 스스로 결정한다. 지배적인 아이들은 자신감이 없는 것이나 열등감이 느껴지는 것에 대해서는 즉시 완강하게 거부한다. 단지 자신이 잘 할 수 있는 것에만, 그것도 자신이 원하는 것에만 집중한다. 지능도 우수하고 지식욕도 높은 아이의 경우, 그 아이가 외부에서 야기된 어려움을 자신이 극복해야 하고 적응해야만 하는 상황에 처했을 때 비로소 문제가 드러난다.

지배적인 아이는 자신이 중심적인 위치를 차지하지 못할 경우 교육자의 모든 요구를 받아들이지 않고 저항한다. 모든 교육적이거나 임상적인 조처들에 대해 심한 방어적 입장을 취하면서 무감각하게 반응하거나 저항한다.

이들은 정형적·기능적으로도 일목요연하여 쉽게 할 수 있는 놀이들을 선호한다. 바로 그 때문에 아이들은 지능에 상관없이 기능적인 장난감들을 특히 좋아한다. 그런 장난감들은 조작하는 대로 반응하는 장난감들로서, 조종사가 명령하듯이 단추를 누르면 이리저리 왼쪽 오른쪽으로 소리 내며 질주하는 자동차나 경주용 자동차, 원격조종 자동차, 컴퓨터 등이 있고, 이러한 아이들이 갖고 싶어 하는 장난감 리스트에 올라 있다.

취미로는 수집을 들 수 있다. 수집 품목은 별로 중요하지 않다. 즉, 우표이든 혹은 아무 가치가 없는 것을 모으든 상관없지만 여하간 뭔가를 모으고 분류하고 보존한다. 작은 왕국을 소유하고 그것을 지배할 수 있다는 감정이 아이들이 수집품에 대해 갖는 감정이다.

역할놀이에서도 지배적인 아이들의 관심은 권력을 휘두르는 역할 쪽으로 기운다. 예를 들면, 경찰서장, 장군, 드라큘라 등이 있다. 놀이의 내용도 항상 공격적인 형태를 취한다. 변화가 적은 이런 역할놀이는 결국 정해진 틀로 끝이 난다. 일곱 살짜리 소년은 2년 전부터 매일 플레이모빌 인형 남자들과 산을 공격한다. 그 자신은 명령을 내리는 역할을 맡아 계속 부대편성을 바꾸다가 놀이는 끝난다.

지배적인 아이들에게 이상적인 직업이나 좋아하는 동물, 교통수단 등을 투사시켜 보면, 힘이나 강함, 지배 등과 관련된 것들을 떠올린다. 예를 들면, 경찰서장이나 동물원장, 타잔, 람보, 세계에서 가장 큰 크레인 회사의 기중기 기사, 주임의사, 니나 하겐(Nina Hagen)과 같은 팝 여가수, 제임스 본드(James Bond) 등이 있다.

한 소년은 연방의회 의장이 되고 싶다고 했다. 내가 그에게 그 직업은 매우 까다로워 공부를 무척 많이 해야 하니 차라리 다른 직업을 생각해 보는 것이 나을 거라고 대답하자, 그는 "그러면 연방수상!"이라고 대답했다. 그 직책을 어떻게 생각하고 있는지 묻자, 그는 "스투트가르트 신문의 제1면을 매일 차지하는 것"이라고 말했다. 동물들 가운데는 덩치가 큰 고릴라, 공룡, 상어, 고래, 사자 등을 선택했다. 이러한 아이들에게는 지배의 체험이 중요한 것이다. 그들은 "사자 앞에서는 다른 동물들이나 사람들이 두려워하잖아요." "상어는 모든 물고기들 가운데 가장 크고 또 바다를 지배해요." 하고 말한다.

교통수단 가운데는 포르쉐, 로켓, 비행기, 경적이 달린 경찰차 등을 선호한다. 이들은 우위를 점하면서도 아주 빠른 교통수단을 선택하는 것이다.

언어적인 의사소통에 있어서 눈에 띄게 두드러지는 점은 대부분의 아이들이 다른 사람의 말에 귀를 기울이지 않는다는 것이다. 지배적인 아이들 가운데 지능이 낮은 아이들은 대답을 거부하는 경향이 있다. 그리고 그들은 자신에게 익숙한 답을 듣거나 자신의 요구를 달성하기 위해 판에 박힌 질문만을 한다. 지능이 낮은 아이들은 언어를 지배의 수단으로 사용한다. 그들은 대답을 기대하지 않으면서 계속 "왜?" 하고 질문한다. 또는 "누구야? 이게 뭐야?" 하고 묻지만, "너 뭐 하니? 다른 놀이할래? 너 힘드니?" 하고 묻지는 않는다. 놀랍게도 소수의 아이들이 성공했거나 실패한 자신의 체험을 이야기하는데, 다른 아이들을 걱정하지도 않으며 다른 아이의 불행을 보고 즐거워하기도 한다. 그런 것이 문제이다.

이런 아이들의 이력을 살펴보면, 어디선가 그리고 언젠가 무력해지는 체험에 노출당한 적이 있다. 그런 체험이 외적인 원인으로는 별 문제가 되지 않는 것처럼 보인다. 그러나 아이의 체험이라는 입장에서 보면 그것은 충격이다. 이사, 점점 늘어가는 어린 동생들의 활동영역, 유치원에서의 적응, 학교의 요구나 규칙과의 충돌, 다른 아이들과의 비교에서 자신의 약점을 인식하게 되는 계기 등이 그러하다. 그렇기 때문에 아이는 억지로 적응해야 하는 체험들을 총체적인 위험으로 받아들인다. 아이는 그런 총체적인 위험에 대해, 자신의 기질과 용기 여하에 따라 그리고 개인적인 상황에 따라 우울함이나 공격으로 대응하게 된다.

이 시점부터 전 가족 내의 역학관계에도 변화가 온다. 아이는 갑자기 고집이 세지거나 폭군의 역할을 잃어버리기도 한다. 이런 아이의 장애 원인을 찾는 과정에서 부모들은 책임감 때문에 심한 정신적 긴장상태에 빠져 들게 된다.

조사해 본 결과 서유럽에서는(그리고 일본에서도 마찬가지로) 1975년 이후 태어난 아이들에게서 지배욕이 두드러지게 나타나며, 미국에서는 이런 현상이 10년 더 일찍 나타났다. 현재 부모의 속을 썩이는 오늘날의 청소년들 세대가 바로 여기에 속한다.

연구 결과 '지배욕의 원인을 어디서 찾아야 하는가?' 하는 질문이 남는다.

원인을 둘러싼 수수께끼들

지나가는 말로 대화를 나누다 작은 폭군에 관한 주제가 나오면, 우리는 대개 단호하고 불만에 찬 어조로 "그것은 반권위주의 물결의 결과이지요." 하고 말하는 것을 듣게 된다. 그러나 이것은 잘못된 말이다. 물론 이 물결이 부모나 일반적인 사회 규율에 별 주의를 기울이지 않고 책임감도 없이 불안정한 아이들이나 청소년들을 길러낸 것은 사실이다. 또 그 물결의 영향 아래 자란 세대들이 무의미한 세상과 인간에 대해 파괴적인 성향을 드러내고 있거나, 숫소 신드롬(Null-Bock Syndrom: 청소년들에게서 보이는 무관심 증후군— 역자 주) 혹은 체념적인 성향을 내비치기도 한다. 그러나 그들이 세상을 지배하지는 않는다. 그들은 종파의 지도자이건 범죄 단체의 우두머리이건, 개인이

건 혹은 그룹이건 간에 흔히 강한 것에 기대려고 하기는 한다. 반권위적 물결이 부모들의 혼란과 불안을 야기했다는 점은 인정하지만 그것만이 원인일 수는 없다.

결국 이야기를 나누다 보면 우리는 지배욕이 유달리 강한 사람들이 있었다는 사실을 떠올리게 된다. 성경에 나오는 인물 중에는 헤로데스(Herodes)를 들 수 있다. 그를 떠올리면서 어떤 사람은 강압적이던 그의 계모를 떠올리고 또 다른 사람은 지도자인 그를 떠올린다. 그런 인물들은 태어나 머리부터 발끝까지 섬김을 받으면서 성장하고 다른 형제들에게 권력을 행사할 수 있는 권위도 부여받는다. 그런 사람들을 예전에는 '왕족'이라고 불렀다. 그러나 이런 사례나 근거가 우리 경우에는 적합하지 않다. 그런데 왕족이 없어진 오늘날에도 그런 현상들이 자주 나타나고, 그것도 하필이면 처음부터 폭군으로 아이를 키우기 원치 않던 가족에게서 나타나고 있다. 이런 경우를 해명하기 위해 사람들은 유전적인 근거를 이끌어 낸다. "막내 할아버지가 그렇게 고집이 세었어요. 아주 까다로운 상사가 되었지요." 또 사람들은 점성술에 기대보기도 한다. "알렉산더가 우리를 괴롭히는 건 당연해요." 알렉산더의 엄마가 내게 말한다. "저는 자유를 사수하는 궁수자리에요. 제 남편은 천칭자리이고 알렉산더는 전갈자리지요. 말 그대로 전갈이에요. 알렉산더의 여선생님 역시 전갈자리이고요. 둘이 맞지 않는 것은 당연한 거지요!"

이미 이런 몇 가지 예를 들어 보아도 복잡한 사건에 대해 단 하나의 근거를 추적한다는 것이 얼마나 위험한 일인지 알 수 있다. 절망감과 무지함으로 인해 부모들이 단순하게도 이처럼 한 가지 원인에 집착하게 되는 것은 놀라운 일이 아니다. 그들은 전문가들의 도움을 바라고 있다. 그러나 전문가들도 비슷한 오류를 범한다. 전문가들은 자료를 부정확하게 파악함으로써 생길 수 있는 오류에 대한 두려움으로 인해 전체적인 문제로 접근하기보다는 차라리 측정할 수 있고 계산해 낼 수 있는 개별 부분들로 문제를 쪼개어 접근한다. 분석할 수 있는 자료를 근거로 한 전문가들의 진단에 따라, 전체적인 것 가운데 어느 한 부분이 과대평가되고 그 하나의 원인에 많은 의미가 부여되어 버린다. 그래서 전문가들은 불안, 집중장애 혹은 대중매체의 영향이나 그와 같은 것들을 심화시켜 조사하려고 한다. 그러나 그렇게 좁은 시각에서 이끌어 낸 진단과 도움은 결론에서도 마찬가지로 협소한 결론이 나 버려 중요한 문제는 지나치게 된다. 알렉산더의 경우, 선생님에 의해 야기된 알렉산더의 학교공포증을 진단할 수 있었더라면 문제는 그리 심각해지지 않았을 것이다. 그리고 미카엘의 경우, 전문가들은 그를 촉각장애가 있는 정신장애로 진단하여 지각감지훈련만을 권유하였다.

나는 이런 몇 가지 사례들을 더 제시해 보려 한다. 그러나 전문가들에게 문제를 제기하지는 않겠다. 왜냐하면 우리는 각자가 이런 문제를 전체적으로 이해해 내는 데 한몫을 담당하고 있으며, 그런 의미에서는 각자가 모두 정당성을 지니고 있기 때문이다.

- 생물학적으로 한정된 뇌손상 장애일 경우 신경제를 처방하게 할 수 있다. 프랑크푸르트(Frankfurt) 의학통계연구소의 통계에 따르

면, 독일에서는 해마다 수면제와 진정제 40만 개 정도가 12세 미만의 아이들에게 처방된다. 그 가운데는 의존성이 높은 약물도 있다. 그밖에도 이 연령대의 아이들에게 우울증 치료제가 10만 개가량 처방되며, 신경 안정제 6만5천 개가량 그리고 노이로제 치료제 — 중심적인 신경시스템을 약화시키는 작용을 하는 —가 2십2만 5천 개가량 처방된다. 소아과 의사 발터(Walther)는 프랑크푸르트에서 있었던 "교육에 있어서의 향정신제"라는 모임에서 다음과 같이 말했다. "향정신제를 집중장애와 인지장애, 그리고 불안증과 과대행동증의 아이들에게 자주 처방하고 있습니다만 단지 아주 극소수의 경우에, 예를 들면 소아 정신병과 간질병의 경우에만 이것이 합법화됩니다."[6]

• 치료사들이나 대체의학도 우리와 유사한 견해를 가지고 있다. 즉, 인이나 납을 함유한 음식물이 아이들의 불안증이나 흥분을 유발한다는 것이다. 또 환경오염도 이런 해악을 유발한다. 환경문제를 감안한 자구책을 간구하기 위해서 이미 부모들이 주도하는 많은 단체들이 만들어졌다. 그런데 납과 인을 적게 함유한 음식에 대한 견해들이 많은 진지한 교육적인 문제들을 도외시하고 있다. 그래서 흐지부지되어 버리고 만다.

• 구조적인 뇌기능 장애와 극소 뇌손상에 관한 이론의 전문가들은 행동장애의 근거를 지능과 제지당하는 행동 사이의 긴장 영역에

서 싹트는 아이들의 불만으로 보고 있다. 그 결과 신경심리학적인 기반을 토대로 운동요법과 물리요법을 겸한 기능훈련이 그런 아이들에게 도움을 줄 수 있다고 여긴다. 그리고 아이들의 주의력을 길러 행동장애를 없애기 위해 보상심리 같은 것을 활용하라고 제안한다.

• 일반 대중은 오늘날의 이런 심각한 상황이 텔레비전에서 비롯된 것이라고 지적한다. 아마도 이러한 견해는 말 그대로 텔레비전이 '눈앞에 있기' 때문에 나온 견해인 듯 하다. 텔레비전은 거의 매일 우리의 일상을 채우면서 가족간에 권력투쟁을 유발하는 대상이 되었다. 폭군적인 한 아이의 엄마는 교사인데 다음과 같이 말하고 있다. "텔레비전의 채널권을 가지고 있는 사람, 그 사람이 우리 가족 내에서 힘을 가지고 있는 사람이며, 우리가 모두 무엇을 보아야 하는지 정하지요." 또 어느 아빠는 다음과 같이 말한다. "내가 아들에게 채널권을 양보하지 않으면, 아들은 내가 텔레비전을 보지 못하도록 폭력을 가합니다. 그래서 나는 곧 포기하고 그냥 쉽니다."

텔레비전은 가족관계의 역동성과 문화적인 영향력 그리고 상호 가치들의 관계를 다양한 방식으로 파괴한다. 우리에게 잘 알려진 저자 포스트만(Neil Postman)은 그의 책 『죽도록 즐기기』(*Wir amüsieren uns zu Tode*)에서, 텔레비전이 우리의 문화를 쇼-비즈니스의 거대한 원형 경기장으로 변화시켰으며, 그 경기장 안에서 실

제적으로 모든 테마가 오락으로 제공된다고 지적하였다.[7]

텔레비전은 가장 중요한 여가 활용의 수단이며 아울러 모방하기 좋은 매력적 제안들을 쏟아내기 때문에, 관객들은 피상적이 되고 쉽게 살아가고자 하는 태도를 취하게 되며, 돈만을 생각하면서 힘이나 공격성 등을 매혹적인 능력으로 받아들이게 된다. 이러한 공격성이 더 자주 그리고 더 잔인하게 제시될수록 우리는 무감각해져 버리고 쉽게 악에 전염된다. 많은 아이들이 람보(Rambo)와 헤만(He-Man)을 자신의 전형으로 삼고 있으며, 선과 악을 구분할 기회조차 얻지 못한 채 사나운 폭력의 힘에 매료당한다. 그 때문에 많은 부모들이 텔레비전 시청을 제한하거나 아예 금지해 버린다. 그러나 지배적인 아이들의 문제가 그런 것을 통해 완화되지는 않는다.

• 다른 한 가지 견해도 마찬가지로 당사자들에게서 원인을 찾지 않는다. 우리는 누구나 주변 환경의 영향을 많이 받는다. 특히 도움을 받아야 하는 아이, 어린 아이, 의학적 처치를 받아야 하는 아이들은 더욱 그러하다. 아이는 저항력이 없이 무기력하게 자신의 요구를 채워 주는 자신의 부모에게 내맡겨진다. 흡사 외견상으로는 부모의 희생물처럼 보이기도 한다. 각자는 자신의 고유한 삶의 시나리오를 가지고 있으면서 다른 사람을 교란한다. 이른바 이런 인식의 동기들을 유일한 동기로서 보게 되면, 부모는 가족치료만을 받게 되고 아이는 놀이치료만을 받게 된다.

• 향락 사회와 과소비 사회를 비판하는 사람들은 허약화, 악습화, 안락화의 결과로서 이러한 파괴적인 장애들이 나타난다고 인식한다. 그들은 자연의 공간을 아쉬워한다. 사람들은 자연 안에서 자신의 역량을 측정하고 자신의 가치에 도달할 수 있다. 스스로 활동하며 뛰어 노는 대신 아이는 다 만들어진 장난감을 가지고 논다. 다 만들어진 음식과 다 만들어진 음악이 제공된다. 완성품은 공장에서 기계적으로 완벽하게 이미 잘 만들어져 나온다. 대상은 쉽게 대체될 수 있고 어떤 가치 평가도 더는 체험할 수 없다. 많은 아이들은 어디서 우유와 계란, 채소와 과일통조림이 오는지 알지 못한다. 그들은 슈퍼마켓을 이 모든 것의 원천으로 생각한다. 그들은 이러한 물건들을 껌처럼, 즉 사서 씹고 뱉어 버리는 껌처럼 이용할 수 있다고 여긴다.

• 심각한 공격성의 중요한 원인으로 놀이 기회와 놀이 장소의 부족도 한몫하고 있다.

• 사회 형태의 발전에 있어 가장 큰 장애는 핵가족 형태이다. 핵가족 형태는 완벽하게 갖추어져 있고 모든 서비스가 공급되며 폐쇄적으로 네 개의 벽 안에 갇혀 있는 형태이다. 그런 핵가족 안에서 잘 보호받은 채 외동이들이 자라난다. 나는 14세나 되었는데도 아직 빵을 스스로 자르지 못하고, 신을 빨지 못하거나 단추를 꿰매지 못하는 아이들을 알고 있다. 더욱이 이런 아이들은 엄마를 돕

거나 자신의 의무를 처리해 내는 것이 불가능하다. 우리 소비 사회의 완벽한 구조는 상품운반용 차량과 지하차고를 만들어 걷고 짊어지는 즐거움마저 우리에게서 빼앗아 갔다.

• 컴퓨터 언어의 사용은 사고의 부족을 가져왔다. 사람들은 의사소통의 수단으로 직접적인 의사소통 대신에 컴퓨터를 사용하고 있다. 컴퓨터는 사람들의 사회적인 관계에도 해를 끼쳤다. 그러나 동시에 계산기의 기계적인 사고는 명백한 사고의 결론을 전달한다. 그 사고는 예측할 수 없는 삶의 다양성 앞에서 물러나 매우 불안하게 된 사람들의 성향과 일치한다. 컴퓨터 화면을 중독된 것처럼 응시하는 것은 이미 부모의 세대 전체를 사로잡았으며, 그 여파는 문제로 남아 있다. 어느 정도까지 그 부모들의 사고가 아이들에게 전염되었는가 하는 것이 바로 문제이다. 그런 사고는 항상 감정적인 활기를 약화시켜 버린다.

• 숲이 죽어 가는 것에서부터 도덕적인 가치에 이르기까지 사회와 사회의 오염에 대한 비판도 정당성을 지니고 있다. 그러나 심한 행동장애가 있는 아이들의 상담에서 이러한 생각은 매우 제한적인 의미만을 지닌다. 아이 문제의 심각성에 부딪혀 많은 부모들은 마치 모든 것을 잃은 듯한 무력감을 느낀다. 그리고 체념에 빠져든다.

• 인간은 극에 달했다. 그 극에서 사람들은 그 이상의 발전을 위협으로 간주하고 있으며, 컴퓨터로 인해 감성과는 거리가 멀어진 현 문화권 내에서 잃어버린 본성을 찾기 위한 행동들을 전개하고 있다. 인간 회복에 대한 관심 속에서 많은 젊은 부모들은 그들 부모의 충고를 포기했다. 그들 부모 세대는 20세기 전반의 미국 행동주의 사고방식의 영향을 많이 받은 세대이며, 교육심리와 교육학에서도 성공 지향적이고 합리적인 사고방식의 정점에 이르러, 아이들을 버릇없이 키우고 아이들의 울음에 위로로 반응하는 것이 해로운 것이라고 인식한 세대이다. 이렇게 아이를 돌보는 냉담한 태도는 보상만족(컴퓨터 중독)이라는 정신적 의존상태를 불러일으키기는 했지만 특별히 지배욕이 증가하는 추세를 보이지는 않았다. 젊은 부모들은 자연스런 출산을 위해 투쟁했고, 출산 후 아이와 한 방을 쓰기 위해 투쟁했으며, 아이와의 결합을 유지하기 위해 유모차 대신 포대기 그리고 수유를 위해 투쟁했다. 인간화를 위한 전투 준비는 먼저 미국에서 있었다. 미국은 기술만능주의로 인해 황폐화가 가장 먼저 시작되었으며 곧 독일과 일본으로 파급되었다. 그리고 여기서부터 공격성과 파괴 사례에 대한 엄청난 통계 숫자가 나타나기 시작했다.

• 미국의 가장 최근 통계는 자신의 자녀에게 가혹한 대우를 받는 부모들이 2백만 명에 이른다고 보도한다.[8] (여기서 그 반대의 경우는 다루지 않는다.)

• 독일에서는 10만 명 가운데 1,870명이 자살을 감행한다. 그 가운 데 1천3백 명이 자신의 삶을 스스로 끝내는 젊은이들이다.[9] 그리 고 아이들의 경우 8세부터 자살이 증가한다.[10]

'부드러운' 물결을 멈추고 기계적이며 냉정하게 아이들을 돌보아 야 한다고 주장해 온 비판가들은 이제 정당성을 지니게 되었다. 그들은 불행의 근원이 이성의 기피와 사람들이 더는 통제할 수 없 게 된 본능에 있다고 본다. 이들은 길에서 벗어난 차량을 다시 '옛 선로'로 가져오는 것이 최상일 것이라고 한다. 언급했던 시기의 신경증적 제안들도 여기에 포함된다. 그 시기는 기계화가 유아의 감정에 대해 알지 못한 채 본능을 방해하던 시기였다.

지배욕 생성에 관한 나의 견해

심리학과 정신의학에서 점점 더 확산되고 있는, 즉 심리적 장애는 결코 규정된 한 가지 원인에서 발생하는 것이 아니라, '복잡한 전체 세 력 구조 내부에서 상이한 지평들을 토대로 서로 연관된 여러 가지 힘 들의 상호작용의 결과'[11]라는 관점에서 나도 출발한다. 나는 위에서 언급한 개별 원인들 가운데 그 어떤 것도 지지하지 않는다. 아이와 상 황에 따라, 부모의 방식에 따라, 아이의 기질과 가족의 기질에 따라 이 런저런 원인들이 전체적인 테두리 안에서 각기 다른 비중을 차지하고 있는 것이다. 한 아이에게서 이런 원인이 지배욕을 유발한다고 해도,

다른 아이에게서는 그런 원인으로 지배욕이 발생하지 않는다. 왜냐하면 선천적인 기질이 병리적인 원인들의 지배를 받지 않기 때문이다.

다만 이런 상황 아래서 특정한 원인에 대해 주의를 기울이는 것은 필요하다. 내가 이 책에서 '부드러운 물결'과 지배욕 사이의 특정한 상관 관계에 대해 가정(假定)을 제시한다면, 그것은 충격으로 작용할 수도 있다.

나도 그러한 위험들을 알고 있다. 그런데도 바로 이러한 물결을 위해서, 나는 잘못된 것을 지적하려 한다. 그 잘못은 본능적인 행동에 기인하는, 전통적이고 오래된 방식으로 아이를 돌보는 회귀 과정에서 나타난다. 만일 원시 문화권에서 한 아이가 엄마의 몸에 붙어 젖을 먹게 된다면, 아이는 전체적인 대가족 제도 안의 여러 조건들에 적응하는 것처럼 어쩔 수 없이 엄마에게도 적응해야만 한다. 그것은 아이의 활동성을 계속 제지한다. 그러나 아이는 그런 가운데 자신이 보호받는다고 느끼며 부모와 형제자매들 — 또는 항상 자신을 업어주는 사람 — 에게 적응하면서 결합하고 싶은 자신의 욕구를 채우게 된다. 그리고 점차 자신을 보호하는 부모에게서 독립하여 인정받고자 한다. 만일 오늘날 부모들이 아이를 데리고 다니면, 적응하는 데 있어 역전되는 상황이 벌어진다. 부모는 기계화된 문화권의 복지 사회 테두리 안에서 그리고 핵가족의 테두리 안에서 아이에게 적응한다. 그것을 통해 아이는 살아가기 위한 전제 조건으로서 주변 환경에 적응하는 연습을 하게 될 뿐만 아니라, 보호받고 있다는 느낌도 받게 된다. 말하자면 아이는 사고와 인격이 발달해 가는 과정의 정해진 단계에서, 자기 자신을 막

강하게 인식하면서 부모를 지배하는 체험을 하게 된다. 이러한 체험에 익숙해지게 되면 아이는 보호에 대한 자신의 기본 욕구를 채우기 위해 주변 환경을 지배하려 든다. 그리고 아이는 그런 지배의 체험에 중독되고 종속되어 버린다.

나조차도 이 책에서 다음과 같은 견해의 강조를 중요시하고 있다. 만일 두 사람이 같은 것을 한다고 해도 그것이 반드시 같은 것은 아니라는 것이다. 산업 사회 이전의 사회 이른바 제3세계의 생활방식을 산업화된 복지 사회로 경솔하게 전이시킬 수는 없다. 그렇다고 해서 인간의 본능으로 회귀하지 말라고 충고하는 것이 내 의도도 아니다. 반대로 내가 강조하고자 하는 것은 '부드러운 물결'에 대한 비판적 평판을 바로잡아 그 인간적 노력을 지지하고자 하는 것이다.

여성해방을 위해 자신의 아이들을 경시하는 엄마들이 문제에 봉착하는 것이 아니라, 완전히 그 반대이다. 여기서는 훨씬 더 젊은 세대들이 다루어진다. 내면적인 확신으로 인해 그리고 잘못에 대한 불안으로 인해 전적으로 아이에게 자신을 바친 그런 세대들이 문제가 된다. 특히 이 사회를 인간적으로 만들려는 부모들이 어려움에 봉착한다.

우리는 우리의 본능을 얼마나 허용하고 있는가

이성주의로 점철된 삶의 양식은 우리의 본능을 광범위하게 억제해 버렸다. 우리는 더 이상 어떤 아이가 착한 아이인지, 그 아이에게 무엇이 해로운지 잘 알거나 감지하지 못한다. 부모들과 교육심리 전문가들에게 제3세계에 관한 영화들을 보여 준다면 그러한 체험을 할 수 있을 것이다. 만일 아이가 꽁꽁 묶인 채 매달려 한 번도 손을 제대로 움직이지 못한다면 그것은 좋은 것일까? 엄마가 곡식을 타작한다면, 엄마의 거센 움직임이 아이에게 해롭지는 않을까? 아이를 포대기에 계속 얹고 다녀 아이의 척추를 포대기로 압박하는 것은 아이에게 어떤 영향을 미치는가? 만일 아이를 등에 업거나 베두인(아라비아의 유목민- 편집자 주) 방식으로 엄마가 아이를 베일 아래 매달고 다닌다면, 그래서 엄마와 시선을 교환할 기회가 없다면 그 아이는 자폐아가 되지 않을까? 시선을 교환하지 않고 맨 피부를 접촉하는 것과, 약간 거리를 두고 아이를 바라보거나 말을 거는 것 중 어느 것이 더 좋은 방법일까? 에티오피아의 아이 같은 경우, 엄마 젖이 더 이상 나오지 않아 죽어갈 정도의 배고픔과 목마름을 체험한다면 엄마를 위협으로 느끼지 않을까? 그리고 왜 수마트라나 페루에서는 고무젖꼭지를 사용하지 않을까? 고무젖꼭지를 사용하는 것은 아이들에게 도움이 될까? 만일 아이를 어디에서든 등에 업고 다닌다면 그것은 과잉 자극일까? 아이의 팔다리는 자유만큼 고요와 안정도 필요하지 않을까?

산업화의 과정에서 원시적인 육아방식은 점점 사라지고 있다. 엄마 대신에 인큐베이터, 조산아 보육기, 작은 침대와 유리로 늘어선 유아방, 물병, 유모차, 아이들이 놀 수 있는 안전망 등 육아용품들과 새로운 방식들이 이용되고 있다. 사람들은 감정을 배제하며 잘못된 교육을 행했다. 엄마와 아이를 떼어 놓기 위해 의학적이며 교육적인 근거들을 도입했고, 통계에 따르면 이런 잘 갖추어진 복지 사회에서 유아사망률이 감소한다는 것도 입증되었다. 완벽한 의학적·기계적인 관리가 가장 중요한 의미를 지니게 되었다. 감염을 방지하기 위해 산부인과에서는 무균실이라고 크게 써 붙여 놓는다. 엄마와 아기 사이에는 유리벽이 존재하며, 태어나서도 아빠와 접촉할 수 없어 아빠의 부재를 체험하게 되고 아빠의 가슴에 기대지도 못한다. 그런 과정을 통해 감정의 교류도 사라져 버린다는 것을 전문가들은 고려하지 않는다. 그런 주장에 대한 근거는 다음과 같은 것으로 충분하다. 말하자면 엄마 역시 휴식을 취해야만 한다는 것이다. 또 아기도 규칙에 익숙해져야만 하고, 성대를 강화하기 위해 아기들은 울어야 한다는 것이다.

기술의 진보가 삶의 방식에 더 많이 투입될수록 원초성은 줄어든다.

- 증조모는 어린 시절부터 업혀 다녔다. 젖을 먹었고 더 어린 형제 자매들과 부모님 침대에서 함께 잠을 잤다.
- 할머니는 어린 아이 때부터 업혀 다니지 않았다. 왜냐하면 유모차가 이미 있었기 때문이다. 또 젖을 먹었고, 잠자리가 넉넉하지 않아 엄마의 침대에서 자야만 했다. 엄마와 함께 자며 언제나 위로를 주는 육체적 감촉을 느낄 수 있었다.
- 엄마는 업혀 다니지도 않았고 젖을 먹지도 않았으며, 앞에 따로 차려진 것을 먹어야만 했다. 그리고 자신이 원하든 원하지 않든 자신의 침대에서 자야만 했다. 그곳에서 아플 때를 제외하고는 울어도 보살핌을 받지 못했다.

'페스트할텐' 프로그램을 이끌면서 나는 특이한 것을 관찰할 수 있었다. 그런데 사실 그런 것은 자주 나타나 이미 전형적인 것이 되었다. 내가 터키, 페르시아 혹은 볼리비아 엄마들에게 아이를 품에 안아 위로할 것을 요구할 경우, 그들은 즉시 빠르고 리드미컬하게 행동에 옮긴다. 대개의 엄마는 그렇다. 내가 청하지 않아도 기다리지 않고 아이를 안아 준다. 내가 시험 삼아 젖을 먹여보라고 요구하면, 엄마들은 당연한 것을 하는 것처럼 반응한다. 안락함을 가져다주는 흔들거림이나 육체적인 접촉 등은 이런 부인들에게는 어린 시절부터 익숙한 것이다. 그것은 무의식적으로 안정과 내적인 균형을 이루는 욕구와 밀접하게 연관되어 있다. 그에 반해 다른 문명화된 나라들, 즉 독일, 미국, 네덜란드 출신의 엄마들은 아이들을 그와 같이 흔들거나 쓰다듬지 않는 방식으로 접촉하며 이런 상황에 아이들도 적응한다.

나는 엄마들이 하는 말을 종종 듣는다. 엄마들은 자신의 감정과 일치할 때만 아이를 제대로 돌볼 수 있다는 것이다. 이러한 엄마들의 확신은 어떤 행동장애가 나타나지 않는 한 계속된다. 왜냐하면 이런 감정의 조화 뒤에는 정신적인 보상 욕구와 본능적인 안정감이 감추어져 있기 때문이다. 이런 보상 욕구는 알렉산더의 엄마에게서 나타난다. 알렉산더의 엄마는 어린 시절 따스하게 사랑받고자 하는 막내둥이로서의 욕구를 지니고 있었으나 가정의 온기를 충분히 체험하지 못했다. 그녀는 자신에게 익숙해지는 대신에 절망감을 가지고 알렉산더를 보호했다. 그녀가 하룻밤에 10회에서 20회씩 우유병을 데우고 부모 침대와 멀리 떨어져 있는 아이방에서 아이를 재울 때, 그녀의 감정은 안정되었지만 본능은 안정되지 못했다. 이와 같은 보상 욕구와 동시에 본능에서 소외되는 것은 많은 부모들의 시야를 가려 버린다. 인큐베이터에는 단지 낮에만 있어야 하는 건지 아니면 밤에도 있어야 하는지 그들은 알지 못한다. 많은 부모들은 아이가 태어나서 처음 며칠은 그럴 수 있다고 여긴다. 부모의 가장 큰 두려움은 한 둥지에서 아이와 함께하고자 하는 욕구가 채워지기도 전에 아이와 분리되는 것이다. 산부인과에서 퇴원한 후 아기가 자신의 방에서 혼자 잠을 자면 부모들은 기뻐한다. 그런데 이런 기쁨은 이런저런 걱정으로 곧 사라지고 만다. 만일 아이가 깨면 무엇을 할까? 아이를 달래 주어도 좋을까? 아이를 안아 주지 않고 목소리로만 달래 주어도 충분할까? 아니면 아이를 품에 안아야만 하는가? 침대로 데려와야 할까? 아이는 여전히 자신의 침대에서 자기를 원하는 걸까? 여기서 할머니들의 훈계도 스쳐 간다. 만일 오늘 아이를 침대로 데려오면, 아이를 다시는 떼어놓지 못한다!

원시적인 문화권의 한 엄마가 이와 같은 정신적 보상 욕구를 지녔다면, 그 엄마는 아이를 돌보기 위해 재빨리 전통적인 방식을 취할 것이다. 대가족 사회의 모든 다른 엄마들처럼 정해진 방식으로 자신의 침대 옆에 요람을 매거나 몸에 아이를 붙일 것이다. 이러한 자연스러운 방식은 우리처럼 산업화되고 분산된 사회에서는 점점 줄어들고 있다. 대가족은 이제 없다. 이웃과의 대화는 점점 줄어들고, 개인은 대중매체를 통해 받아들이게 된 많은 엇갈리는 의견들로 인해 확신도 없다. 이런저런 수많은 정보들이 구속력 있는 결정적인 것이 될 수 있을지 없을지 당장은 판단할 수도 없다. 왜냐하면 저자들이 포괄적인 익명으로 머물러 있기 때문에 우리는 우리의 인식이 제대로 된 것인지 직관적으로 감지된 것인지 알 수가 없다.

우리에게 큰 해를 줄 수도 있는 직관을 신뢰할 수 없을 경우, 우리는 아이의 본능적인 욕구와 아이의 성장해 가는 인식능력 및 개별적인 발달상황에 대해 더 많이 알아야만 한다. 이러한 것을 파악하지 못한다면 우리는 아이의 발달단계에 필요한 것들을 그때그때마다 제대로 아이에게 건네주지 못하는 상황에 처하고 만다. 비교적 늦게서야 이 테마들이 학문의 연구 대상이 되었다. 르네 스피츠(René Spitz)와 존 볼비(John Bowlby), 도널드 위니코트(Donald W. Winnicott) 등의 연구는 아기들의 경험 세계를 이해하는 데 많은 도움을 주었다. 그밖에 본능적인 욕구들에 대해서는 하로우(H. F. Harlow)가 언급했다. 그는 원숭이를 데리고 실험한 결과, 유아들에게는 엄마에게 달라붙어 있으려는 욕구가 일차적인 의미를 지니고 있으며, 젖을 빠는 것은 그 다음이라는 것을 입증했다.

그리고 뒤를 이어 안네마리 뒤르젠(Annemarie Dührsen), 테오도르 헬브뤼게(Theodor Hellbrügge), 크리스타 메베스(Christa Meves), 베른하르트 하센스타인(Bernhard Hassenstein) 등의 선구적이면서도 독특한 입장을 견지하는 견해들이 등장했다. 1970년대와 80년대에 와서야 비로소 아이와 엄마의 관계는 이미 아이가 태어나기 전부터 시작되고, 아이가 태어난 후에는 직접적인 관계로 지속된다는 인식이 생겨났다. 구스타프 그라버(Gustav H. Graber), 하누스(Hanus)와 메히트힐트 파포우젝(Mechthild Papoušek), 안네리제 코르너(Anneliese Korner), 토머스 베르니(Thomas Verny), 제프 쉰들러(Sepp Schindler), 스타니슬라프 그로프(Stanislav Grof) 등의 학자들도 같은 견해를 보이고 있다. 그러나 학문적인 영역에서는 새로운 지식들이 아주 서서히 스며든다. 자연과학적 사고방식을 취하는 인식의 저항은 여전히 크다. 왜냐하면 그들은 정확한 계산에 근거한 자료와 방법들을 토대로 자신의 견해를 입증하려 하기 때문이다. 어떻게 사람이 사랑의 체험을, 보살핌의 체험을, 이별이 주는 고통의 체험을 정확하게 조사할 수 있을까?

사람들의 감정을 측정하기 위해 구성 요소들을 쪼개어 볼 수 있다면, 시선을 나누는 순간, 포옹할 때의 깊은 느낌, 흐르는 눈물이나 그와 같은 것 등을 부분적으로만 파악할 수 있을 뿐 전체로는 결코 파악할 수 없다. 전체란 개별적인 요소들의 총합 그 이상이다. 전문가들이 아직 검증하지 못한 것들이 임상에서 계속 나타나고 있다. 그러므로 고양이들이 자신의 꼬리를 계속 무는 격이 된다.

전문가들 가운데 프레드릭 르봐이예(Fréderick Leboyer) 같은 감정적 실무자들만이 '부드러운 물결'을 위해 건설한 댐을 돌파하고 부모가 새로운 주도권을 행사할 수 있다고 믿었다. 그러나 이런 방향 설정도 출산 이후 아이들의 개별적인 보호와 양육 문제를 감안하면 충분하지는 않다. 기술 사회는 오랜 전통을 근절시켰다. 그리고 새로운 길은 아직 열리지 않았다. 이런 미개척지에서 길을 잃는 것이 놀라운 일은 아니다.

지배욕이 생성되는 발달단계

5개월에서 22개월 사이의 아기들은 감정과 인지 및
신체제어 능력과 사고의 발달에 있어 특정한 시기를 맞이한다. 자신의 마
음대로 힘을 사용하며 얻는 느낌과 세상의 지배에 대한 흥미가 이 시기에
나타나기 때문이다.

이런 발달단계가 어떻게 시작되고 어떻게 변해 가는지에 대한 상세한
묘사 없이는, 그 단계에 대해서도 그리고 그 단계에서 발생하는 장애나
도움들에 관해서도 제대로 인식할 수 없을 것이다.

그렇기 때문에 유아시기 심리발달 과정의 일부를 소개하여 독자들의
이해를 돕고자 한다.

유아의 발달단계를 이해하기 위해서는 종합적인 인식이 필요하다. 이

미 앞의 장에서 언급한 바와 같이, 아이들은 개별적인 성향에 의해서만 발달하는 것이 아니고, 또 흥미 있는 것들만 받아들이거나 이해하는 것도 아니며, 정서나 영혼의 의식으로만 성장하는 것도 아니기 때문이다. 아이들은 다양한 구성 요소들과 그것들의 다양한 결합으로 성장한다. 그 구성 요소들과 그 요소들의 다양한 결합은 역동적이고 때에 따라 일회적인 시스템 안에서 그물망으로 연결된다. 개인의 종합적 인격 안에는 세상과 개인과의 연관 관계, 개인이 적응하는 방식과 성취해 내는 방식 등이 모두 포함되어 있다. 그밖의 절대적인 전체 영역은 시간의 영역이다. 그 시간의 단계적 질서 안에서 모든 발전 과정들이 점차 성숙해져 가는 것이다.

더 높은 단계로의 진행은 이전의 단계들이 빈틈없이 형성되고 채워진 후에야 비로소 시작된다. 이것은 인식과 사고의 발달단계뿐만 아니라 정서 관계의 발달에도 해당된다. 어떤 단계도 그 자체로는 끝나지 않는다. 모든 단계는 그 다음 단계를 향해 확장되어 간다. 나무줄기가 자란다고 해서 나무뿌리가 시들지 않는 것과 같은 것이다.

이러한 원칙에 따라, 그리고 독자들의 이해를 돕기 위해 나는 동물행동 연구가와 인류학자 이레내우스 아이블 아이베스펠트(Irenäus Eibl-Eibesfeldt), 하로우(H. F. Harlow), 베른하르트 하센스타인(Bernhard Hassenstein), 콘라드 로렌츠(Konrad Lorenz), 아돌프 포르트만(Adolf Portmann), 니코 틴버겐(Niko Tinbergen) 등의 인식 방법과, 심리분석가인 미카엘 발린트(Michael Balint), 존 볼비(John Bowlby), 에릭 에릭슨(Erik Erikson), 지그문트 프로이트(Sigmund Freud), 아르노 그루엔(Arno Gruen), 마거릿 말러(Margaret Mahler), 르네 스피츠(René Spitz), 도널드 위니코트(Donald W. Winnicott) 등의 인식 방법, 그리고 발생생리학자인 펠리시 아폴터(Félicie Affolter), 하인츠 헤르츠카(Heinz Herzka), 제롬 카간(Jerome Kagan), 헬가르트 라우(Hellgard Rauh), 쟝 피아제(Jean Piaget) 등의 인식 방법들을 독자들이 폭군적인 아이들의 상황을 더욱 쉽게 이해하도록 하기 위해 통합하려고 한다.

〈도표 1〉을 보면 한눈에 알아볼 수가 있다. 이 도표에 제시한 아이들의 생후 개월 수가 정확하게 일치하지는 않는다. 각각의 아이는 지능과 기질 등에 따라 성장 속도에도 차이가 나기 때문이다. 예를 들면, 조숙아의 경우에는 자아의식의 단계가 이미 1년 반 정도이면 나타나지만, 정신박약아의 경우에는 10년이 되어서야 비로소 나타나거나 아예 나타나지 않을 수도 있다.

생후 첫 시기에는 보호에 대한 기본 욕구가 충족되었는지 그리고 엄마와 결합되어 충분한 보살핌을 받았는지의 여부에 따라 인격발달이 크게 좌우된다. 또 그 이후의 아이의 운명도 이 단계에서 결정된다. 왜냐하면 결합 없이는 어떤 분리도 이루어질 수 없기 때문이다. 어떤 아이가 원초적인 신뢰감을 느낄 수 있었다면, 그 아이는 나중에 다른 사람에게 속마음을 털어놓을 수도 있고 자신을 펼쳐 보일 수도 있다. 충분한 사랑을 받았다면, 그 아이는 나중에 사랑을 다시 줄 수도 있다. 아이가 부모에게서 의지하는 법을 체험하였다면, 그 아이는 나중에 자신의 내면에서 의지할 곳을 스스로 찾아낼 수도 있고, 그러한 것을 다른 사람에게 베풀 수도 있다.

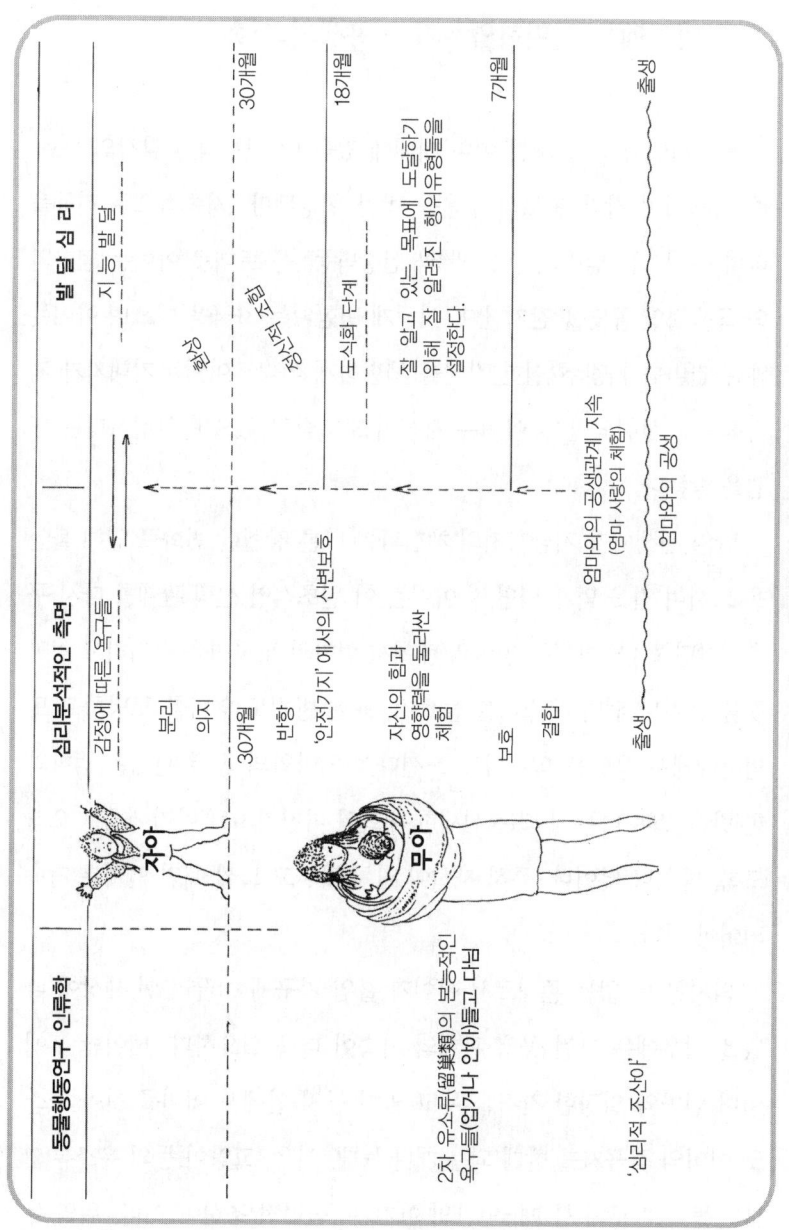

〈도표1〉유아기의 정상적인 발전

동물행동연구 인류학	심리분석적인 측면	발달심리

	감정에 따른 욕구들	지능 발달
	분리	
	의지	
30개월	30개월	30개월
	반항	확산
		정신적 조합
	'안전기지'에서의 신변보호	18개월
2차 유소류(幼雛類)의 보능적인	자신의 힘과	도식화 단계
욕구들(업거나 안아)들고 다님	영향력을 둘러싼	잘 알고 있는 목표에 도달하기
	체험	위해 잘 알려진 행위유형들을
		설정한다.
	보호	
	결합	7개월
		엄마와의 공생관계 지속
		(엄마 이외의 공생관계 지속
		(엄마 사람의 체험)
		엄마와의 공생
	출생	출생
'심리적 조산아'		

그 이전에는 어떠하였는가 - 공생의 지속

원초적인 신뢰 관계는 이미 태내에 있을 때 일차적인 감각의 통로, 즉 육체적인 감각 통로의 도움을 받아 형성된다. 지속적으로 리듬을 타며 움직이는 엄마의 흔들림[12]과 심장박동[13]을 토대로 아이는 엄마와의 공생적인 공명을 감지한다. 이렇게 변함없는 자극을 받으며 아이는 매 순간마다 가장 확실한 감지를 체험하게 된다. 자신의 기대치가 지속적으로 성취되면서, 아이는 자신이 보호받고 있으며 안전하다는 느낌을 받는다.

만일 신생아가 지금까지의 체험과는 다른 강렬한 변화로 인해 불안을 느끼며 겁을 먹게 되면,[14] 아이는 이 원초적인 신뢰 관계를 다시 구축해야만 한다. 아이는 엄마의 배에서 엄마와의 공명을 감지하고 엄마 젖을 빨거나 엄마 목소리를 들으며, 표현 방법도 엄마를 모방하고 또 엄마에게서 응답을 얻는다고 느낀다.[15] 엄마와의 공생 관계는 엄마와 한 방을 쓰며 나누게 되는 섬세한 대화와 마찬가지로 아기에게는 오래도록, 밤이나 낮이나, 특히 자신이 편치 않다고 느낄 때면 언제든 지속되어야 한다.

의지할 데 없는 존재로서 아이가 흡입 기구에 이끌려 이 세상에 나왔을 경우에는 그런 공생 관계의 지속이 더욱 필요하다. 태어난 후에 이미 엄마와 일정한 간격을 두고 있어 둥지 안에서 어미를 찾아 스스로 어미의 젖꼭지를 빨게 되는 개나 늑대, 여우, 고양이 등의 유소류(留巢類)들과 비교해 볼 때, 인간의 아기는 '심리적 조산아'이다. 위의 유소류들이 지니고 있는 것과 같은 그런 자기 보살핌 능력이 아기들에게 는 12개월에서 18개월이 되어서야 비로소 생겨난다. 아기가 이미 이런 '조산'을 이겨내야만 했다면, 아이는 이제 '사회적 자궁'인 엄마의 품 에서 동화(同和)를 체험해야 한다. 적어도 12개월에서 18개월까지는 그 런 시간이 필요하다. 이 시기는 1차적 유소류들의 회복시기이기 때문 이다. 유소류들이 태어난 후 둥지에서 필요로 하는 시간에 덧붙여 아 기들에게는 추가로 그 이상의 시간이 필요하다. 이것이 대략 1년 반 정 도 된다. 아니면 더 오래갈 수도 있다. 이런 현상은 아직 문명화가 덜 된 문화권에서 일어났고 현재도 지속되고 있다. 그런 문화권에서는 필 요에 의해 그리고 전통적으로 아기가 엄마나 또는 다른 사람의 몸에 매달려 생활한다.

이런 점과 관련해서 인간의 종을 잘 설명한 비교행동학적 인식 방식 도 있다. 인간의 아기는 1차적 유소류보다 더 보살핌을 받아야 하는 존 재이기는 하지만, 손을 쥐는 행위나 손의 움직임, 직립보행 그리고 사 고 능력에서 우성의 유전적 정보들을 지니고 있다. 그들은 '둥지에서 웅크리고 있으려고' 할 뿐만 아니라, 엄마의 몸에 붙어 움직이고 싶어 한다. 아이를 안거나 업어 준다면 이것이 가장 빨리 이루어지는 셈이 다. 아돌프 포르트만과 베른하르트 하센스타인에 의하면 인간은 '들고 다니는' 종에 속한다고 한다.

감정적 욕구들: 아이들은 포대기 속에서 무엇을 체험하는가

이미 언급한 바와 같이, 부모들은 예전부터 전 세계 도처에서 안기거나 업히고 싶어 하는 아기의 본능을 채워 줄 가장 자연스러운 기회를 가져 왔다. 아기는 주로 포대기를 이용해 업히고, 매다는 침대나 요람에 눕혀진다. 전통적으로 아기들은 대략 2년에서 2년 반 사이의 시기, 즉 자기정체성을 느끼는 시기까지 업혀 다닌다. 아기들은 손으로 무엇을 쥐어 보지도 못할 정도로 포대기에 꼭 싸여 있게 된다. 그런데 놀랍게도 그 아이들은 활동성이나 손의 움직임이 자유롭던 아이들보다 육체적 활동 능력이 더 발달한다.

예를 들면, 인디언 아이들의 활발한 활동성에 대해서는 그 누구도 의심하지 않는다. 움직일 수 없이 거의 억제된 상태에서 그 아이들의 정신적 발달은 놀랍도록 훌륭하다. 1960년대에는 남부 멕시코 부족의 어린이 양육에 대한 연구가 크게 이목을 끌었다. 그곳의 아이들은 생후 1년이 다 되어 가도록 거의 하루 종일 엄마에게 매달려 다른 물건들을 쥐어 보거나 기어 다닐 기회도 없고, 심지어 엄마의 몸이나 옷을 잡아 볼 기회도 적다. 이 아이들이 포대기에 싸여 있어 세상을 관찰할 기회가 적다고는 하지만 이 아이들의 성장 과정이 북아메리카의 아이들보다 뒤쳐지지 않는다. 이런 테스트는 자극을 주는 장난감이나 충분한 자유를 통해 몸놀림 훈련을 받은 북아메리카의 아이들과 비교한 결과이기 때문에 더욱 놀라운 것이다.[16]

인간의 역사를 되돌아보면, 사실 생후 첫 1년 동안은 엄마의 몸에 붙어 있는 것이 당연시되어 왔다.

이른바 제3세계 — 인도, 에티오피아, 과테말라 등 — 나라들의 안거나 업는 전통을 열거하지 않는다 해도, 아기 예수의 모습을 떠올려 보면 얼마나 자주 엄마가 예수를 안고 다녔는지 알 수 있다. 우리는 예수가 베들레헴에서부터 나사렛의 집까지 안겨서 가야만 했다는 것을 알 수 있다. 역사적인 날짜에 맞추어 계산해 보면 예수는 그 당시 대략 두 살 정도 되었던 것 같다. 아기 예수가 자신이 엄마의 팔에 안겨서 가는지 걸어서 가는지, 또 나귀가 천천히 가는지 빨리 가는지, 그들이 어디로 가야 하는지 결정할 수 없었다는 것을 상상하는 것은 그다지 어려운 일이 아니다. 부모조차도 그것에 대해서는 결정할 수가 없었다. 왜냐하면 그들은 실존적으로 위협받고 있었으며 천사를 통해 그들의 방향과 속도가 정해지고 있었기 때문이다.

아기를 안고 나니는 것을 피하던 그런 시기에, 우리는 기이하게도 인간 정서와 윤리가 무너지는 것을 체험한다. 그런 몰락은 마음의 병을 불러오고 이어서 범죄율이 높아지는 결과를 초래한다. 현대 인간의 고독은 아기가 엄마의 몸에서 고립되는 그 시점에서 시작되는 것일까?

도널드 위니코트의 견해에 따르면, 아기를 안아 붙들어 주는 것은 육아에서 가장 기본적인 보살핌이다. 그것은 유아가 엄마에게서 체험하게 되는 보살핌의 토대이다. 공동생활을 위해 환경보호 조처가 필요한 것과 마찬가지로, 실제적이고 육체적인 보살핌 역시 필수적이다. 그러면서 아기는 자신의 인격적 실존을 구축할 수 있는 많은 기본적 체험들을 하게 된다.

- 안아서 위로하고 보호하며 섭취하게 해 주는 충분한 영양분은 아
  이가 부모를 신뢰하게 하며, 아이에게 필요한 결합[17]과 보호[18]를
  함께 주게 된다.
- 아이는 환호나 입맞춤 그리고 '깍꿍' 등과 같이 기대하던 부모의
  응답이 주어지면, 자신이 이해받는다고 여긴다.

발린트가 지적한 바와 같이, 무기력한 종속을 통해 아이가 속수무책
만을 배우는 것은 아니다. 부모에 의해 아이가 '무기력한 종속' 상태에
만 머물러 있지 않기 때문이다. 아이는 물론 부모의 보살핌에 의지하
고 있지만, 부모와 상호 적응하는 것이며 서로 소통하는 것이다. 물론
아이는 무조건의 기대치를 지니고 부모를 받아들인다. 아르노 그루엔
은 다음과 같이 말하고 있다. "엄마의 기쁨과 활기가 더해진 유아의 속
수무책 상태는 유아에게 위협이나 억압으로 체험되지 않는다. 그런 상
태는 아이 자신에게 도움이 필요하다는 것을 인식하도록 이끌어 주며,
세상을 파악하고 세상에 이르도록 이끈다."[19] 적응력을 학습하는 것은
절대적으로 필요한 것이다. 그것은 말하자면 이후 자기관철을 위한 전
제인 셈이다. 예를 들면, 나무가 결실을 맺기 위해서는 먼저 토질과 기
후에 적응해야만 한다. 또 이민자가 새로운 나라에 편입해 들어가려면
언어와 삶의 습관 그리고 노동 시장에 적응해야만 한다.
신체 접촉의 밀접함이나 강도 혹은 돌보아 주는 방식에 대해 아이는
스스로 결정할 수 없이, 배가 아프거나 배가 고파도 엄마에게 의존적
으로 안기거나 요람에서 흔들리게 되므로 아이는 포기하는 것을 배우

고 좌절감을 견디며, 자신의 분노와 불안을 풀어낸다. 그러면서 결국 엄마에게서 만족감을 느끼며 자신이 사랑받는 존재임을 확인하게 된다. 관계의 깊이를 경험하게 되면, 아이는 자신의 감정을 표현하면서 사랑의 안전한 항구에 도착한다.(이른바 엄마와의 신체 접촉을 체험하지 못한 아이는 나중에 힘들게 심리치료와 의사소통 훈련을 받아야만 한다.)

다시 말하면 부모의 위안과 격려가 유아의 저항을 넘어서 계속되고, 아이가 둥지에서 분리되어 자신의 행동을 제지당하게 되면서 아이는 부모를 더 강한 사람으로, 우월한 사람으로 인식하게 된다. 아이는 원초적인 부모의 권위 아래서 자신이 보호받는다고 느끼면서 부모를 존중하고 자신의 모범상으로 정립할 수 있게 된다.

자신을 안아 주는 사람의 눈높이에서 아이는 불, 천둥, 시장에서 일어난 일들, 동물들, 낯선 사람들 등 세상의 모든 낯선 변화를 관찰할 수 있다. 자신을 안아 주는 사람의 격려와 위로 안에서 아이는 불안감 없이 또는 완화된 불안감으로 불안을 견뎌 내는 것을 배울 수 있다.

친숙한 사람과 낯선 사람 사이의 구별에 민감한 아이일수록 낯선 사람이나 이별의 고통 앞에서 불안감이 고조된다.[20]

아이는 먼저 부모와의 직접적인 친밀감을 만든 후 그것을 기반으로 다양한 일들을 관찰해 가며 배운다.

점점 강해져 가는 육체적·정신적 힘으로 아이는 흉내 내기도 하고 자율적인 행동도 하며 그 기쁨을 펼쳐 나갈 수 있다. 점차 아이는 다른 사람들같이 자라면서 어른처럼 행동하게 된다. 예를 들면, 혼자 입고 혼자 먹는다. 본능적인 육체적·정신적 공생 관계에서부터 아이와 부모 사이에 더욱 친밀한 동질성이 자라나게 된다. 그 동질성은 의식적 연대감의 능력으로 발전한다.

부모의 이러한 확실한 위치— 에인즈워스(Ainsworth)는 이것을 'secure base' [21]라고 명명했는데, 이 말은 '안전기지' 정도로 번역할 수 있으며 비유적인 의미에서는 '둥지'와 동일시되는 — 에서 아이는 모방을 배워나갈 뿐만 아니라 능동적으로 호기심도 펼쳐 나간다. 아이는 예측할 수 있는 반응을 이끌어 내기 위해 매우 단순한 행동방식을 사용한다. 예를 들면, 아이는 "너, 너!" 이런 말을 듣기 위해 아빠의 안경을 밑으로 끌어 내린다(〈도표 1〉의 '발달심리' 과정에서 '도식화 단계' 참조). 그러면서 아이는 전권력을 체험한다. 왜냐하면 아이는 아직 다른 비교 대상이 없고 자신을 세상의 중심으로 자각하기 때문이다. 새로운 목표를 달성하기 위해 그리고 우회로를 찾아내기 위해 점차 아이는 효력이 있는 행동양식들을 조합한다. 예를 들면, 슈퍼마켓에서 판매인과 오래도록 이야기하는 엄마의 주의를 자신에게 끌기 위해 아이는 선반의 우유깡통을 아래로 던진다. 아이는 자신의 이런 정복의 시도가 어른에게 먹히는지 아닌지 알고 싶어 한다. 그리고 아이는 어른들이 서로 다른 방식으로 반응한다는 것을 확인하게 된다. 아이는 감정이입을 하면서 거기에 상응하는 혹은 모순 되는 행위들을 하기 시작한다. 왜냐하면 아이는 어른들이 견뎌 내는 하중의 한계와 자신의 힘을 견주어 시험하기를 원하며 또 그러면서 인식하게 되기 때문이다. 그리고 아이는 반항을 시작한다.

새로운 시도를 위한 힘을 모으기 위해서, 객체에서 주체로 이르는

다리를 놓기 위해서, 의지를 설정한 자기 자신을 나 자신으로 체험하기 위해서, 다른 사람처럼 말하고 스스로 돌보고 나를 너와 경계 짓는 다른 사람들처럼 '그렇게 성장하기 위해서', 또 독립[22]의 기쁨을 펼치기 위해서, 아이는 점점 더 넓은 자유의 공간뿐만 아니라 항상 다시 '안전기지'로 돌아오기를 원한다.

아이가 둥지의 테두리 안에서 이런 모든 기회들을 체험한다면, 즉 조건 없이 사랑받고 존중받는다면, 아이도 부모를 존중하고 사랑하게 된다. 그러면 아이는 삶을 위한 토대로서 사회적인 자기애를 지니게 된다. 아이가 '안전기지'에서 자신이 아직 파악할 수 없지만 그러나 보호하고 이끌어 주는 사랑에 가득 찬 권위를 체험한다면, 아이는 나중에 다른 권위들, 예를 들면 학교 숙제나 철자법 규칙과 같은 것도 인식할 수 있게 된다. 나는 바로 여기서, 즉 부모의 품안에서 상위의 원칙들에 대한 신뢰를 배울 수 있다고 여긴다.

지배욕이 나타나는 발달단계를 어떻게 인식할 수 있는가

이런 발달단계에서 나타나는 중요한 표식 가운데 하나가 상상력을 펼치거나 목표가 분명한 행위를 시작하는 것이고, 또 다른 하나는 시간적 순서에 대해 이해한다는 것이다. 그러면서 눈에 띄는 것은 정해진 목표를 달성하기 위해 정해진 양식에 따라 잘 알고 있는 상황에서 잘 알고 있는 방법만을 설정한다는 것이다.

생후 5개월부터 아이는 행동발달단계에 이르게 된다. 이 시기 아이의 여러 행동이나 호기심은 사실 '둥지'에서 자신을 관철시켜 나가는 어린 동물들의 행동을 생각나게 한다.

아이는 앉고, 손발로 기고, 가구들을 기어오르며, 점차 뛰는 것도 배운다. 아이는 확실히 손에 뭔가를 잡을 수 있고, 오래도록 쥐고 놓지 않아 다른 것을 잡지 못할 수도 있다. 아이는 대상을 검토한다. 그러면서 두 손으로 동일한 움직임을 보이거나, 즉 공을 잡고 공을 잡은 채 박수를 치거나 또는 한 손으로 그렇게 한다. 앞발로 이것저것 굴려 보는 호기심 많은 새끼 고양이처럼 아이는 자신의 육체를 이용하여 대상을 탐구하고, 의식적으로 저항하는 대상에도 몰두해 보며, 아울러 자신의 힘에도 관심을 기울인다. 아이는 발이나 손가락, 머리를 매트리스 사이의 틈에 집어넣고, 침대의 디딤판 사이나 음료수병의 뚜껑에 혹은 아빠의 재킷 주머니에, 할머니의 블라우스 틈에, 엄마의 귀나 입에다가도 집어넣는다. 아이는 많은 다른 대상들에게 정해진 익숙한 행동을 한다. 뭔가를 끄집어내고, 물건을 멀리 던지고, 장난감 시계의 끈을 잡아당기며, 할아버지의 수염을 잡아당기고, 탁자 덮개의 끝을 잡아당기며, 매번 다른 반응들을 이끌어 낸다.

자신과 관련을 맺는 사람들과의 상호작용도 이런 일련의 맥락에 대한 이해를 통해 각인된다. 이러한 상황이 여러 번 반복되면 아이는 처음부터 상상할 수 있다. '그 다음'에 무엇이 오는지 그러면서 자신이 기대하는 '행복한 결말'을 끌어내려고 애쓴다. 예를 들면, 아이는 아빠의 품에서 "자 뛰어" 그리고 "쿵"으로 아빠의 말이 이어지기를 기대한다. 또 엄마의 얼굴을 보면서 "까꿍" 하는 소리를 듣기 위해 엄마의 얼굴에서 수건을 끌어내린다.

또 아이는 자신의 행동에 대한 상상도 가능하다. 즉, 아이가 스스로 직접 보거나 듣지 않아도 "안녕" 할 때의 눈짓이나 "몇 살이지?"와 같은 질문에 대한 행동을 보여 준다.

생후 12개월부터 22개월까지의 아이는 어린 동물보다는 훨씬 더 탐색적이다. 아이는 특히 인간의 행동들을 찾아낸다. 다른 대상을 탐색하기 위해 도구를 사용하기도 한다. 그러면서 두 손이 동시에 똑같은 작업을 한다. 하나하나의 손가락을 사용해 보기도 하고 힘을 써보기도 하며 방향을 바꾸어 보기도 하는 여러 행동들을 점점 더 의식적으로 하게 된다. 또 아이는 이미 대상에 부착되어 있거나 달려 있는 그런 도구들을 작동해 본다. 그는 라디오의 단추를 누르거나 전기 스위치를 누른다. 열린 것들은 특히 아이의 관심을 끈다. 침대의 받침대 사이에 공이나 곰 인형, 병 등을 집어넣는다. 그 물건들은 서로 뒤섞여 있다. 손잡이 위에 고리나 컵을 걸기도 하고 엄마 입에다 비스킷을 넣어 주며, 냄비에 공을 집어넣기도 한다.

모방이나 의사소통 능력을 감안해 볼 때 아이는 사람들과 관계를 맺을 수 있는 단계에 이른다. 자신에게 새로운 행동과 손의 움직임이나 시각적인 주의가 필요한 행동도 이제 모방한다. 그렇게 아이는 몸짓 언어와 관련 인물들의 행동을 따라하기 시작한다. 그러면서 이해할 뿐만 아니라 감정이입도 할 수 있다. 예를 들면, 아이는 슈퍼마켓에서 우유강통을 아래로 떨어뜨리면 엄마가 기뻐할 것이라고 믿는다. 그리고 그녀의 표정을 보고는 그것을 모방하면서 엄마가 나와 다른 감정을 지니고 있다는 것을 확인한다. 또 그것을 통하여 아이는 자신과 다른 사람을 구분하기 시작한다.

이 시기에 아이는 말하는 것을 배우고, 자신이 가지고 있는 것을 보여 주며, 자신이 바라는 것도 표현한다. 또 어른처럼 훌륭하게 일을 처리하고 싶어 구체적인 행위를 지속적으로 모방한다. 예를 들면, 요리하기 위해 냄비와 주걱을 꺼내 들며, 전화를 걸기 위해 수화기를 들고 번호를 누르기도 한다.

이러한 용기 있는 — 왜냐하면 그 동기들이 기대치에 상응하지 않기 때문에 — 행동들은 새로운 연관 관계를 만들어 낼 수 있는 창조적 힘이 된다. 그 힘은 새로운 길을 찾게 해 주며, 불안감 그리고 자신과 대립되는 것들로 가득한 삶을 사랑할 수 있게 해 준다.

상대방과의 관계에서 감정이입의 시작은 감정이입의 능력을 자아낸다. 그 감정이입은 상호간의 감정을 느끼는 데서 생겨나는 것이다. 예를 들면, 네가 걱정스러운 상황에 처해 있다는 것을 내가 느끼는 것이다. 또 내가 너와 함께 느끼고 네 편이라는 것을 네가 느끼고 있다는 것도 내가 알고 있는 것이다.[23]

중요한 것은, 부드러운 어린 새싹이 뿌리를 잘 내리고 도움받을 수 있는 관계 속에서 자랄 수 있도록 해 주어야 한다는 점이다. 정원사가 온실 벽을 쌓아 온도의 차이를 막고 날씨로부터 보호해 주며 토질도 맞추어 준 상황에 적응해 버린 새싹은 자생능력이 있는 나무로 자라나지 못한다.

아이들에게 나타나는 인격발달의 장애들

문제 있는 어린이의 인격발달이 부모에게 어떤 영향을 미치는지를 스위스의 풍자작가 프란츠 홀러(Franz Hohler)가 명백하게 제시해 보여 주고 있다. 물론 많은 부분들을 과장해서 묘사하기는 했지만, 본질적으로 이 에피소드는 지배욕이 강한 아이들의 상황과 가족의 상황을 잘 보여 주고 있다.[24]

"나는 한 아이를 알고 있다. 그 아이는, 생후 꼭 1년이 되자 더는 아무것도 먹으려 하지 않았다. 만일 사람들이 그 아이에게 죽을 먹이려고 하면, 아이는 손으로 얼굴을 가리고 머리를 흔들며 숟가락이 자신의 입으로 들어오는 것을 막는다. 한 번 더 강제로 밀어 넣으면 아이는 즉시 모든 것을 뱉어 버리고 울기 시작한다. 그 아이가 받아들이는 유일한 것은 물과 같은 것이다. 그러나 아이에게 물 대신 우유를 내밀면 관심을 보이지 않는다.

부모는 불안했고 이 갑작스런 변화를 이해할 수 없었다. 그들은 먼저 아이를 설득하려고 애썼으며 그러고 나서 죽을 먹도록 협박했고 나중에는 때리기도 했다. 그러나 그것은 아무 소용이 없었다. 그들은 아이가 평소 좋아하던 바나나를 주었지만 그것도 먹지 않았다. 그런데 우연히 해답이 나왔다. 아이의 방은 격자로 차단되어 있었다. 아이가 열린 방문으로 나가지 못하도록 문틀에 끼워진 격자였다. 부모는 그 격자를 통해 아이방에서 무슨 일이 일어나는지 보고 들을 수 있었다. 음식을 거부한 셋째 날, 아이의 아빠가 아이를 침대로 데려 가기 위해 방에 있던 엄마에게 죽을 건넸다. 그때 아이가 격자로 달려오더니 죽이 담긴 접시에 관심을 보였다.

그 즉시 아빠는 아래로 몸을 숙여 격자 위로 죽을 떠 먹였다. 그러자 아이는 두 손으로 격자를 꽉 쥐고 머리를 격자 테두리 위로 내밀더니 만족스러워하며 죽을 남김없이 전부 먹어 치웠다. 다음 날 아침에도 아빠는 일을 하러 가기 전 아이에게 이런 방식으로 음식을 먹여 주었고, 아이는 어떤 저항도 보이지 않았다. 그러나 점심 때 엄마가 아이에게 격자 위로 죽을 주려고 하자, 아이는 멀리 달아나며 엄마가 문틀에서 사라질 때까지 자신의 장난감함을 열었다 닫았다 하였다. 저녁이 되자 다시 아이는 아빠가 주는 음식을 격자 위로 받아 먹었다.

아이는 이제 다시 먹게 되었지만 늘 아빠가 먹여 주어야만 하는 상황은 부모를 힘들게 만들었다. 하루에 두 번 아이가 먹는 것을 제외하고, 매일 저녁마다 정확하게 그곳에서 아이를 먹인다는 것이 아빠에게는 간단한 일이 아니었다. 그는 직업상의 이유로 자주 집을 비워야 했다. 언젠가 조금 늦게 집에 돌아왔을 때 아빠는 아이가 소리지르는 것을 들었다. 외투를 벗어 급히 의자에 던지고 아이방으로 가서 아이에게 먹을 것을 주었다. 그때 모자 벗는 것을 깜박 잊었다. 그 다음 날 아빠가 아이에게 다가가자 아이는 먹으려 하지 않으면서 계속 그의 머리를 가리켰다. 아빠는 전날 저녁이 떠올라 모자를 가져다 썼다. 그러자 아이는 만족스럽게 죽을 먹었다. 그 이후부터 아빠는 아이에게 죽을 먹이려면 모자를 써야만 했다.

지금까지 엄마는 아이가 죽을 먹을 때 계속 그 자리에 있었다. 어느 날 엄마는 피곤해 침대에 누워 있었다. 아빠는 혼자 아이를 돌보려고 했다. 그러나 아이는 엄마가 보이지 않자 먹는 것을 거부했다. 엄마를 데리고 오는 것 이외에는 다른 방법이 없었다. 엄마는 잠옷차림으로 아이의 의자에 앉아 있어야 했다.

그날 저녁 아이가 소리를 지르면서 죽을 거부했다. 그때는 모든 것이 정상이었다. 아빠는 격자 밖에 서 있었고 모자를 쓰고 있었으며, 엄마 또한 그 자리에 있었다. 그러나 엄마는 평상복을 입고 있었다. 아이가 계속 엄마를 가리키자 엄마는 결국 잠옷을 입고 다시 방으로 돌아왔다. 아이는 엄마가 다시 아이의 의자에 앉아 거기서 아이가 어떻게 먹는지 쳐다보자 비로소 만족해했다.

그때부터 엄마는 아이의 식사시간에 잠옷을 입어야 했다. 그렇지 않으면 전혀 식사를 하려 하지 않았다. 아이는 계속 우연히 생긴 새로운 상황들을 지속할 것을 요구했고, 스스로 새로운 요구들도 생각해 내기 시작했다. 아이는 엄마 옆에 세워져 있는 장롱을 가리키며 엄마를 쳐다보았다. 엄마는 장롱으로 가서 그것을 열려고 했다. 그러나 그때 아이가 울부짖으며 장롱 천장을 가리켰다. 엄마가 안 된다고 하자, 아이는 바닥에 누워 손발로 허공을 저어댔다. 그리고 날카롭게 소리를 질러댔다. 부모는 아이의 이런 행동에 관심을 보이지 않기로 결심했다. 아이는 굶은 채 잠자리에 들었다.

그들은 아침이 오면 아이가 그 생각들을 틀림없이 잊었을 것이라고 믿었다. 다음 날 아침 엄마가 잠옷을 입은 채 아이의 의자에 앉아 있고, 아빠는 격자 앞에 모자를 쓰고 서서 아이에게 먹을 것을 주려고 했을 때, 아이는 다시 거부하고 장롱의 천장을 가리켰다. 부모는 아이가 원하는 것을 들어주지 않았다. 그러자 아이는 먹지 않았다.

이틀이 지났는데도 아이는 물 이외에 아무것도 먹지 않아 탈진현상을 보였다. 부모는 아이에게 양보할 수밖에 없었다. 엄마가 잠옷차림으로 장롱 위로 기어 올라가자 아이는 즉시 커다란 환호성을 지르며 죽을 먹었다. 그러면서도 아이는 자신이 먹을 때 엄마가 정말로 자신을 바라보는지 아닌지 계속 확인했다. 부모는 이 일이 있은 후 매우 심하게 야단치면 반항하는 이 아이를 걱정스럽게 바라보았다. 늘 아이들의 입장에 서던 소아과 여의사는 부모의 마음고생보다 아이가 먹는 것이 더 중요하므로 아이가 바라는 것을 따르라고 권유했다. 그리고 아빠가 알고 있던 아동심리도 별 도움을 주지 못했으며, 일찍 찾아온 아이의 반항기가 지나가게 될 것이라는 막연한 말도 별 도움이 되지 않는 희망만 줄 뿐이었다.

그러나 그런 희망에 걸맞는 어떤 징후도 나타나지 않았다. 왜냐하면 아이가 그다음 식사 때는 창가로 뛰어가더니 더는 그곳에서 움직이려 하지 않았기 때문이다. 아빠는 엄마에게 잠옷을 입고 아이가 원하는 장롱 위로 올라갈 것을 요구했다. 그리고는 모자를 쓰고 격자 위로 아이에게 먹을 것을 주려고 했다. 그러나 아이는 고개를 흔들며 두 손으로 창문의 문지방을 움켜쥐었다. 물론 아빠는 인정하고 싶지 않았지만 아이의 행동이 무엇을 의미하는지 잘 알고 있었다. 그 방은 일층에 위치하고 있었는데, 아빠는 지하실에서 사다리를 가져와 그것을 집 밖에서 아이의 방 창틀에 걸쳐 놓았다. 그리고 사다리를 타고 아이방 위로 올라가 열린 창문을 통해 아이에게 죽을 먹여 주었다. 아이는 환하게 웃으며 죽을 모두 먹었다.

그 다음 날은 비가 내렸다. 아빠는 우산을 든 채 사다리를 타고 아이방으로 올라갔다. 이제부터 아빠는 날씨에 상관없이 항상 우산을 들고 창가로 가야만 했다. 그렇지 않으면 죽을 먹일 수가 없었다.

그 사이 부모는 너무 힘이 들어 보모를 고용했다. 그러나 아이는 보모를 완전히 거부했고 엄마한테만 보살핌을 받으려고 했다. 보모가 엄마의 잠옷을 입고 장롱 위에 앉아 있으면 되리라는 희망은 잘못된 것이었다. 아이는 이런 속임수에 대해 매우 포악하게 반응했다. 보모가 그 방을 떠나려 하자 아이의 상태는 더욱 악화되기 시작했다. 보모는 격자 옆에 머물러 있어야 했으며, 아이가 어떻게 먹는지 지켜보아야 했다. 그리고 그것만으로도 충분하지 않았다. 아이는 보모가 딸랑이를 흔들어야만 죽을 받아먹었다.

수용할 수 있는 상황이 거의 극단적인 국면으로 접어들어, 이제 아이는 아빠가 추녀에 기대자 그를 밀치기 시작했다. 그리고 아빠가 죽이 담긴 그릇을 창턱에 놓자 그 그릇을 아래로 던져 버렸다. 아빠는 높은 양각사다리를 사야겠다는 생각 외에는 다른 생각이 들지 않았다. 아빠는 그 사다리를 집 벽에서 어느 정도 떨어진 곳에 놓고, 높이 올라가 대나무 줄기에 고정시킨 숟가락으로 아이에게 죽을 건넸다. 숟가락으로 다시 죽을 푸기 위해서 아빠는 왼팔을 그릇 쪽으로 쭉 뻗어야 했다. 그리고 우산을 들어야 할 손이 없으므로 철사로 된 버팀목을 맞추어야 했다. 버팀목은 어깨에 짊어지고 그 안에 우산을 꽂도록 되어 있었다.

이 시점에서 쌍안경으로 그 집을 지켜보던 이웃은, 아빠가 대나무 막대기에 매단 숟가락으로 창을 통해 일층 밖에서 아이에게 죽을 건네는 장면을 목격하게 되었다. 게다가 그 아빠는 우산을 철사받침대에 꽂아 어깨 위에 걸치고 있었다. 엄마는 잠옷을 입고 장롱 위에 앉아 있었고 보모는 문틀에 끼워진 격자 앞에 서 있었다. 두 사람은 아이가 무엇을 먹는지 보고 있었다. 보모는 아이가 먹을 것을 삼킬 때마다 머리를 흔들었다. 이런 조건을 다 갖춘 후에야 아이는 죽을 먹었다.”

아이의 발달과정이 규칙에서 벗어나면 부득이한 장애들이 나타난다. 장애에 대한 자기 방어도 규정된 규칙에 따르게 된다. 지배욕에 해당하는 아이의 상황에 감정이입을 할 수 있기 위해서, 두 가지 특성을 좀 더 자세히 살펴보려고 한다.

- 중독적인 종속을 유발시키는 특성
- 인격발달과 지능발달을 차단시키는 특성

중독적인 종속을 유발시키는 특성

기본적인 욕구들은 충족되어야 하고 충족되지 않은 채 남아 있어서는 안 된다. 제일 먼저 보호와 결합에 대한 기본적인 욕구가 충족되어야 한다. 왜냐하면 이것은 자기보존의 본능과 동일한 것이기 때문이다. 이런 과정에서 이 욕구를 확실히 충족시켜 주지 않으면 문제가 발생할 수 있는 여지가 생겨난다. 기본적인 욕구의 충족은 발달단계에서 자연스럽게 교정의 역할을 수행한다.

모든 문화권은 자체의 위험요소들을 안고 있다. 예를 들면, 많은 가정에서 엄마를 대신하여 아이를 돌보는 사람들이 자주 교체되는 것이나, 동구권 국가에서 그러하듯이 이데올로기적인 사회규범에 따라 주간 탁아소에 아이를 보내는 것 등이 여기에 속한다. 독일의 경우 1900년에서 1975년 사이에 일상화 된 어린이 양육을 기억한다. 독일의 엄마들은 좋은 의도에서 현대적이고 과학적인 논거에 따라, 애정에 길들지 않도록 우는 유아들을 달래 주지 않았다.

게르트 비어만(Gerd Biermann)은 파노라마 킨더(Panorama-Kinder),

그 욕구불만에 찬 아이들에 대해 묘사한 바 있다. 그 아이들은 유모차에 눕혀져 자신의 배 위로 보이는 투명창을 통해 영화처럼 펼쳐지는 대도시 교통의 혼란스러운 분주함을 바라보았고 엄마의 얼굴을 볼 기회가 없었다.[25]

아이들이 태어나면서 바로 처하게 되는 환경도 특별한 위험 요소를 지니고 있다. 이 책에서 이미 언급한 바와 같이, 그런 과정에서 본능적인 욕구들이 상처를 입기 때문이다. 안기거나 업히는 본능적 욕구를 포기할 수 있기까지는 아마도 많은 시간이 걸릴 것이다. 또 아기가 태어나서 엄마와 떨어져 지내는 것을 받아들이는 데도 오랜 시간이 필요할 것이다. 한편 생활 여건도 기술의 발전에 따라 해마다 변한다. 이러한 발전이 매우 민감한 아이에게는 희생이 될 수도 있다.[26] 예를 들면, 의학기술의 발달로 임신 6~7개월 사이에 태어난 조산아나, 정상적으로 태어났지만 산소부족 상태에 처한 아기들의 생명을 건질 수 있게 되었다. 그러나 엄마와 아기의 공생이라는 면에서 본다면 너무 이른 단절의 대가를 치러야만 한다. 아이의 이런 엄청난 고독감은 이른바 '집중관리'를 통해 대체된다. 여기서 '집중'이란 엄마의 집중적인 애정이 아니라 인큐베이터라는 현대 기술을 의미한다.

나는 또한 오늘날의 모자동실도 장애를 유발할 수 있다고 생각한다. 많은 병원에서 모자동실을 이용하는 것은 낮에만 허용하고 있다. 아이는 단지 낮에만 엄마와 같이 지내며, 밤이 되면 고립되어 계속 바뀌는 간호사들 손에서 잠들게 된다. 낮에 엄마와 같이 지내다가 밤에는 그것을 포기해야 하는 아이의 감정적인 변화는 아이에게 안정감을 주지 못한다. 아이는 낮에는 채워지고 밤에는 채워지지 않는 기다림의 욕구로 늘 불안해하며 실망감을 감수해야만 한다.

우리가 알고 있듯이 영혼의 상처는 고통스러운 일회적 체험을 통해 야기되는 것이 아니라, 충격스러운 체험의 고리들로 생겨난다. 갓난아기는 불완전함을 힘들게 견뎌야만 한다. 왜냐하면 아기는 아직 시간 개념도 없고 시간을 구성하여 배열할 상상력이나 타협능력도 지니고 있지 않기 때문이다.

또 그밖에도 아기의 길을 가로막는 다른 장애요소들도 많이 있다. 엄마나 아기의 병이라든지, 원하지 않던 아기를 사랑하기에는 부족한 마음가짐, 장애아일 경우 처음부터 보이는 불안감, 엄마와 아기의 다른 체질 등이 아이와 엄마의 결합과 의사소통에 제동을 걸어오는 것들이다.

이미 언급한 바와 같이, 이러한 장애들은 대립적인 것들을 통해 상호 논의의 능력을 요구한다. 아기는 이런 방해 요소들에 대처한다. 아기는 변화들을 감지하여 혼란스러움에 대처하고, 감지된 변화를 활성화하면서 신체적인 밸런스를 유지하기 위해 유기체적이며 생물학적인 반응으로 대처한다. 동물이든 인간이든 모두 이런 무의식적인 해결 전략을 작동시키게 된다.

생존을 위해 결정적인 것은 각자가 그때그때의 삶의 상황에 반응하며 견뎌 낼 수 있는 능력을 지녔다는 것이다. 그러한 능력은 감수성이나 불안을 야기하는 자극, 기질, 활기, 천부적 재능, 지금까지의 체험 등 개인의 여러 성향들이 모여 이루어진다. 이런 구조물인 개인은 상이한 시공간에서 상이한 상황들을 견뎌 내거나 상처를 입는다. 이른바 '민감한' 국면도 있다. 환경의 영향이라든가 부모나 친구들과의 관계 등이 여기에 속한다. 이 모든 것은 발달단계를 지연시키거나 가속화하는 가운데 인격 형성에 반영된다. 그렇기 때문에 충격을 주는 상황에 대한 반응이 조금씩 달라지고 간격도 세분화된다. 어떤 아이에게는 엄마와 함께 하지 못하는 병원 생활이 불안감을 주기도 하지만, 한편으로는 '해냈다'는 긍정적인 느낌을 갖게 하기도 한다. 그러나 같은 상황에서 또 다른 아이는 심한 노이로제 증상을 보이거나 심지어 정신질환에 걸리기도 한다.

모든 아이가 동일한 주변 상황에서 폭군적이지는 않다. 어떤 아이는 사회적 자의식을 배워나가는가 하면 또 어떤 아이는 자신만을 사랑하며 자신에게 경탄해 마지않는 나르시스적 입장을 취하기도 한다. 그러나 모두 다 폭군적인 아이가 되는 것은 아니다.

불안의 지속성 여부와 강도가 중요하다. 즉, 아이가 얼마나 자주 생체 밸런스의 균형을 산출해 내는 방식을 반복해야만 하는지에 달려 있다. 무엇이 아이가 예측할 수 있는 것보다 더 안정된 감정을 아이에게 전달할 수 있을까? 아이는 보증된 것, 즉 스스로 통제를 할 수 있는 것을 행한다.

지속적인 반복에 대한 그밖의 동기들은 더 있다. 대리만족은 결코 기본적인 욕구를 충족시키지 못한다. 충족이 안 된 상태는 새로운 균형의 산출을 요구한다. 그것은 탐욕에 종속되도록 이끄는 악순환이다. 종속의 정도는 불안의 정도와 밀접한 관계가 있다. 특히 보호받지 못한다고 느끼는 아이들은 대리만족에 쉽게 종속되어 버린다. 보호에 대한 욕구가 먹는 것이나 마시는 것에 대한 욕구보다 더 강렬한 포만감을 요구하기 때문이다. 여러 욕구들 간의 서열이 여기서 분명히 인식된다. 유아기에 받은 위안의 체험은 전 생애 동안 지속된다. 그것을 가장 자연스러운 방식으로 체험한다면, 즉 가장 가까운 사람의 품안에서 위안을 얻는다면, 그와 같은 생의 방식을 지속하게 될 것이고, 자신이 근심거리가 있을 때 가장 가까이 있는 사람을 찾을 것이다. 그에 의해서 우리는 공감과 도움, 연대감을 느끼며 근심이 완화되는 것을 기대할 수 있을 것이다. 마찬가지로 우리는 슬픔에 빠진 가까운 이를 위로해 줄 수도 있다.

대리만족은 지속되면 위급한 상황에 반응하는 방식과 강도도 결정한다. 즉, 그것이 일시적인 습관으로 남는지 또는 장기적인 습관, 강요 혹은 중독이 되어 결국 종속당하게 되는지가 결정되는 것이다. 그밖에 성장기에 위기를 겪으면서 얻게 된 습관도 중독으로 돌변하기 쉽다. 그런 종속의 예들을 들어보도록 하겠다.

- 어떤 아이가 불만족스런 상황이나 걱정에 처했을 때 습관적으로 우유병을 건네받았다고 한다면, 그 아이는 어른이 되어서도 어려운 문제들이 닥쳐오면 뭔가를 마시고 싶어 하거나 거기에 수반되는 감정 상태에 빠져들게 된다. 가장 큰 문제는 음주벽으로 발전하게 되는 경우이다.
- 우는 아이를 달래기 위해 고무젖꼭지를 입에 넣어 주게 되면, 그

아이는 어려움이 있을 때마다 뭔가를 가지고 입술을 자극하게 된다. 특히 입술의 자극은 대개 대리만족의 성향으로 기운다. 아이가 엄마를 잃은 듯한 불안감을 느낄 때면, 게다가 엄마를 대체할 대체물로써의 젖꼭지도 없으면, 아이는 다른 자극을 찾아야만 견딜 수 있다. 아이는 손가락이나 다른 물건을 입으로 집어넣는다. 심한 스트레스를 받으면 연필을 씹거나 담배를 물게 된다.

- 아이가 혼자서 자신의 방에서 지내다 보면, 그 아이는 어른이 되어서 근심이 생길 때 주위와 담을 쌓거나 우울한 상태에 빠져든다. 신체 접촉에서 비롯되는 위안에 익숙하지 않아 그러한 것을 느낄 수 없고, 오히려 접촉에 대한 불안을 느낀다.

- 아이가 위안을 받기 위해 손으로 누르거나 눈으로 보면서 감지할 수 있는 소유물을 통해 대리만족을 얻게 되면, 아이는 '소유'에 종속되어 소유욕에 사로잡히게 된다.

- 장남이나 장녀로 태어난 경우, 다른 형제가 태어났을 때 도와줄 것을 강요받게 되면, 그 아이는 그런 행동에 종속되고 도움의 강박감에 시달리게 된다. 그밖에도 우리는 다음과 같은 문제를 흔히 장남이나 장녀에게서 발견할 수 있다. 부모들은 좋은 의도로 첫째 아이가 우월감을 느낄 수 있는 말을 한다. "아기는 아직 먹여 주어야만 하지만 너는 벌써 혼자 먹을 수 있다. 아기는 안거나 기저귀를 채워 주어야 하지만 너는 이미 혼자 뛸 수도 있고 화장실도 갈 수 있지." 대리로 보호자 역할을 해야 하는 능력은 지속되어야만 한다. 그런데 어떤 사소한 것 때문에 문제가 생기면 모든 대리

보호 능력이 붕괴되고 만다. 좀 더 자세히 관찰해 보면, 좋은 의도로 건넨 부모의 말을 아이는 고통으로 받아들인다. 즉, 사랑받기 위해서 뭔가 부모가 원하는 것을 해야 한다는 실행의 억압에 짓눌리게 되는 것이다.

이러한 예에서 나타난 바와 같이 대리만족의 생명력은 매우 짧다. 그것마저 없어지면 당사자들은 철저하게 파괴된다. 만일 대리만족이 더 이상 가능하지 않으면, 그래서 빈손으로 혼자 서 있게 되면, 그는 더는 아무것도 원하지 않게 되고 세상을 적대감으로 대하게 된다. 그러한 노이로제 환자는 자신의 삶에서 끊임없이 대리보호에 대한 열망과 그 불확실성으로 인한 불신 사이에 생겨나는 양립병존의 긴장감으로 늘 불안한 상태에 놓이게 된다.

인격발달과 지능발달을 차단시키는 특성

최고의 인식능력 단계에서 비로소 나타나는 장애들, 즉 비로소 아이가 언어와 자신의 고유한 가치, 시공간의 감각과 대리도움 등을 터득한 후에 생겨나는 장애들은 그리 크게 위험해 보이지 않는다. 아이가 현실 인식을 위해 신뢰할 수 있는 토대를 지니고 있기 때문이다. 그러한 인지는 생후 1년에서 2년 사이에 형성되며, 그 과정은 감각이나 운동을 통한 구체적 행동을 통해 이루어진다.

그러한 장애들은 자아 동질성(〈도표 1〉, 무아 단계 참조)의 앞 단계에서 매우 큰 위험성을 동반하기도 한다. 아이는 아직 자신의 체험을 배열하거나 수정하고 객관화할 상황에 있지 않다. 아직 온전히 자기중심적이다. 아이가 현실의 개별 요소들에 너무 빨리 적응하다 보면 그로 인한 장애로 복잡한 현실에 대한 왜곡된 상이 형성된다. 이것은 현실을 기피하는 결과를 낳게 한다. 예를 들면, 어떤 아이는 자신의 장난감 자동차에서 단지 바퀴에만 전념한다. 그밖의 다른 장난감은 만져 보려고도 하지 않는다. (나중에 자폐증의 예에 대해서도 설명하려고 한다.)

만일 아기가 환경적응을 포기하게 되면, 아기는 새롭거나 자신을 불안하게 만드는 체험에 대해서는 자신을 닫아 버림으로써 발달단계가 차단된다. 이러한 차단은 사회성 발달단계에서뿐만 아니라, 부분적으로 그리고 전체적으로 지능 발달단계에서도 나타난다. 이러한 장애의 규칙은 차단된 발달단계가 그 다음 단계의 구축을 허락하지 않는다는 점이다. "어린 시절의 적응거부는 전체적인 종합발달을 방해하는 요소로 작용한다."[27] 다른 대안 없이 대리보호에 강제적으로 존속되다 보면 아이는 중독적인 성격을 지니게 된다. 이런 장애가 일찍 설정될수록 그 장애는 정신적인 병으로 옮아간다. 결핍단계에서 나타나는 두 가지 증세, 즉 아이의 자폐증과 지배욕에 대해 언급하려고 한다.

자폐증에 대해 설명하다 보면 병적인 과정이 유사한 지배욕에 대한 이해도 높일 수 있기 때문이다.

자폐증의 생성을 위한 전제 조건은 아이의 타고나는 천성적인 성향이다. 어떤 기질에서 그런 성향이 생성되는지 사람들은 궁금해한다.

불안을 감지하는 민감한 감수성, 도식적이고 분석적인 사고를 선호하는 성향, 극단적인 내향성 등을 지적할 수 있다. 만일 이런 아이가 태어난 후에 엄마와의 결합을 포기해야 한다면, 그리고 어떤 자극을 심하게 받아 스트레스를 받게 된다면, 아이는 스스로 자신의 안정 시스템을 가동하여 균형을 찾아야만 한다. 아직 많은 능력을 지니지 않은 상태에서 아이는 자신을 보호하며, 미리 알 수 있는, 감지할 수 있는, 들을 수 있는 자극들을 가져오기 위해 자신의 감각을 동원하여 움직이며 행동한다. 예를 들면, 자신의 심장박동을 듣거나 인큐베이터를 응시하는 것 등과 같은 자극은 대리만족을 가져다주므로 아이가 좋아하게 된다. 반면에 아이들은 예감할 수 없거나 불안하게 만드는 자극은 피하며 거부한다. 이러한 시점에서부터 적응의 과정이 차단당한다. 아이는 새로운 자극이나 제안에 적응할 수 없고 그렇기 때문에 상황에서 배우지 못한다.

그러한 아이는 생명력이 없는 대상을 선호한다. 왜냐하면 생명력이 없는 대상은 사람에 비해 정해진 규칙에 따라 더 잘 조작할 수 있기 때문이다. 엄마와의 결합을 통해 안정을 찾는 대신에 아이는 정해진 행동의 틀 안에서 반복적으로 작동하는 대상이나 조작물을 선택해 버린다.

아이의 자발적인 행위는 자기 자신과 가장 근접한 주변 세상을 자신의 규칙에 따라 미리 알 수 있게 만들려는 끊임없는 노력으로 이루어진다. 이러한 상황은 악화되어 자기 자신 속으로 빠져들게 만든다. 외부 세계와 접촉한다 해도, 이러한 접촉은 기계적으로 반복되는 방식이 되어 버린다. 모든 예기치 않은 변화는 갑작스러운 공포를 야기한다.

호기심의 발전은 태어나 발달단계를 거치며 얼어붙어 버린다. 시선 교환이나, 모방, 대체물의 탐색능력 등은 안정적으로 발달하지 못한다. 도식화 단계의 발전은 더 어렵다. 그 단계는 의사소통의 준비단계이자 자유로운 놀이를 할 수 있고 나중에 자신의 동질성에 이르게 되는 전제 단계인데, 자폐아는 이런 단계에서 어려움을 겪음으로써 정신적으로 활기찬 조화를 이루지 못한다(〈도표 2〉 참조).

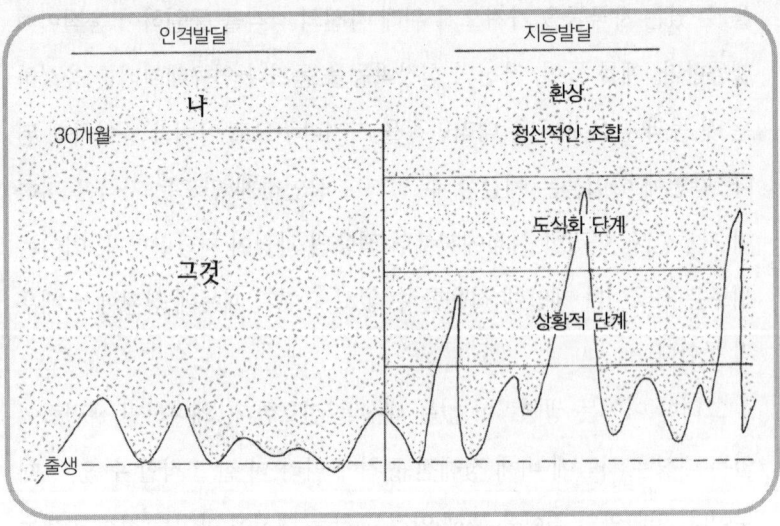

〈도표 2〉 초기 유아 자폐증에 나타나는 발달의 차단

감추어진 지적 잠재력을 전제로 도식화 단계와 비슷한 발달단계에서도(〈도표 3〉 참조) 자폐아는 많은 것을 요구한다. 이 단계에서 아이의 자폐증은 불가피한 독재로, 말하자면 지배욕으로 넘어간다. 만일 자폐아가 다른 사람과 접촉하면서 호기심을 느꼈다면, 그리고 그 사람을 자신의 행동 규범 안으로 받아들인다면, 아이는 자신에게 그 사람을 강요 — 물론 한 단계 높게 — 하기 시작한다.

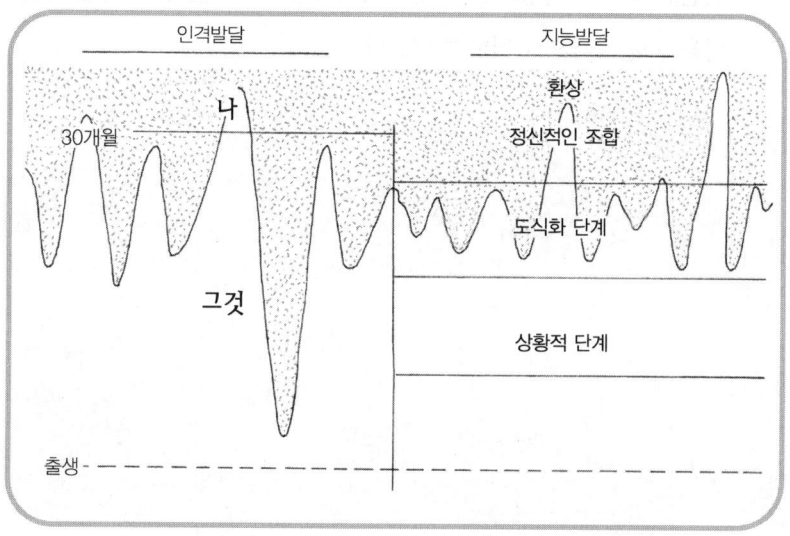

〈도표 3〉 지배욕에 나타나는 발달의 차단

단계적인 발달모델과 장애(〈도표 3〉과 〈도표 4〉)의 도표를 좀 더 보충하여 설명하면, 보고능력이나 협력할 수 있는 능력 등을 포함하는 사회적 입장들은 발달이 덜 된 상태로 그 단계에 머물러 있다. 그 단계에서 균열이 생겨나 더 높은 단계로 발달하지 못하면 그 취약한 구조들은 무너질 위험에 처하게 된다. 그러면 아이들은 발달을 포기하는 방향으로 기울게 된다. 그들은 이전에 자신이 친숙했던 안전망 속으로 되돌아가 버린다. 그 후에는 노이로제적인 퇴행현상이 나타난다. 예를 들면, 혼자서 컵으로 물을 마시던 세 살짜리 아이는 동생이 태어나 자신의 사랑을 빼앗겼다는 생각이 들면 다시 오줌을 싸고 마치 아기처럼 젖병을 요구하게 된다. 또 그 이후에도 학교에 등교하는 것과 관련하여 불안한 상태가 발생하면 오줌을 싸거나 엄지, 연필, 손톱 등을 깨물며 입을 통한 자극으로 퇴행해 버린다.

아기는 어떻게 권력을 강탈하는가

아이의 의지가 발달해 가는 단계는 기나긴 길과 같다. 생후 1년이 되어야 비로소 활동력과 고집 등이 어우러져 아기는 자신을 만들어 나갈 수 있다. 아기는 태어나면 바로 '사회적 자궁' 안에서 자신을 돌보아 주는 사람의 의지에 맡겨진다. 아기는 정해진 문화권 안으로 편입되며 스스로 선택할 수 없다. 울음과 웃음밖에는 자신의 감정을 드러낼 수가 없다. 언어적인 표현에서도 그렇고 시위를 하는 행동방식에서도 그렇다. 왜냐하면 아기는 그러한 것에 필요한 정신적 종합처리를 아직 할 수 없기 때문이다. (좀 더 큰 아이는 침묵으로 자신의 불편함을 표현할 수 있다. 또 남자는 자신의 부인에게 과도한 음주로 자신의 근심을 알릴 수도 있다). 아이는 직접적이고 순수하다. 아이의 상태는 아이의 행동을 충분히 관찰한다든가 아이의 상황에 감정이입을 해 보아야만 제대로 인식할 수 있다. 아이의 급박한 모든 신호를 부모는 잘 관찰해야 하고 직관적으로 알아차려 이해해야만 한다.

그러나 만일 부모가 아이의 상황에 감정이입을 하지 못하고 자신의 감정에서 출발한다면 잘못된 해석을 내릴 수도 있다.

어떤 부모가 자녀가 작은 폭군이 되도록 내버려두겠는가?

아래 제시된 부모들의 이야기를 통해 오늘날 부모들에게 요구되는 인식을 살펴볼 수 있다.

– 부족한 사랑을 충족시키려는 욕구는 주로 전쟁 이후 세대의 아이들에게서 보게 된다. 그들의 부모는 전후 재건에 자신의 전력을 쏟아야 했던 세대이다. 더욱이 이 시기에는 많은 여성들에게 자기실현과 여성해방에 대한 희망이 강하게 일어났다. 그렇기 때문에 많은 엄마들(오늘날의 할머니들)은 자신의 아이들에게 그다지 헌신적이지 못했다. 그들은 베이비시터, 양부모, 어린이 시설 등을 많이 이용했다. 밤에도 아기들은 스스로 모든 것을 해결해야만 했다. 그 당시 일반적으로 유용하게 통용되던 인식 때문이었다. 즉, 아기가 실망감을 극복해 낼 수 있도록 아기 때부터 버릇없게 기르지 말고 울어도 그대로 두라는 전문가들의 제안을 받아들이던 시기였다.

– 자유에 대한 욕구 역시 이 세대에서 나타난다. 그 당시 교육의 개념을 살펴보면 규칙, 금지 그리고 규율의 준수라는 독재적

요소들이 두드러진다. 아기는 태어나면서부터 규칙에 익숙해져야만 했다. 정해진 시간에 먹고, 먹는 양도 정해진 규칙에 따라야 했다. 또 아이가 반항을 하면 제지당했으며 반항시기도 놓쳐 버렸다. 아이는 자신의 분노와 화를 표현할 용기도 없었으며, 말이나 행위로 자신의 의지를 관철시킬 용기도 없었다.

감정의 표현에 서툰 이런 불안들은 성인이 될 때까지 계속 영향을 미치는 장애로 작용한다. 체험하지 못한 분노가 막혀 아이는 폭발하게 되며, 그것에 대한 자유가 허용되지 않으면 강한 죄의식도 생겨난다.

사랑과 자유에 대한 기본 욕구가 채워지지 않으면 아이들은 대리만족을 줄 대상을 찾게 된다. 특히 아이가 잘 먹고, 울지 않고, 잘 따를 때 더욱 그러하다. 생후 2년이 지나면서, 말을 하고 이성적인 생각을 하면서 놀 수도 있으며, 지능적인 활동들, 그림 그리기와 글씨 쓰기, 읽기와 셈을 할 수 있게 된다. 아이는 권위주의적이고 단호한 교육에 순응하여 자신에게 요구하는 부모의 기대치 영역에 확실하게 도달할 수 있다. 아이가 그 기대치를 문제없이 완벽하게 이루어 낼수록 아이는 더 많은 칭찬을 기대한다.

이렇게 교육받은 아이들이 부모가 되자, 그들의 자녀들이 자신들보다 더 행복하기를 원하게 되었다. 그들은 자신이 충족하지 못했던 욕구를 토대로 자녀양육과 자녀교육의 전형적인 상을 설정했다. 그 부모들은 더욱 강도 높게 본능적으로 자녀양육에 관여한다. 그들은 더 친밀한 신체 접촉을 원한다. 그러면서 아이를 몸에 밀착하거나 젖을 먹인다. 이렇게 아이를 다루는 데 익숙해지면 그들은 아이를 더욱더 의식하게 된다. 왜냐하면 심리학자나 교육학자들의 견해를 따르려고 하기 때문이다. (여기서는 그들의 이론이 어느 정도 변형되는지의 문제는 열어 두려고 한다.) 그들이 권유하는 것은 아이에게 뭔가를 강요하지 말고 고유한 의지를 지니도록 허용하라는 것이다. 그것도 아이가 태어나자마자 시작하라는 것이다. 또 아이를 그렇게 대하면서 아이가 가장 빨리 안정될 수 있는 속도로 흔들어 주라고 한다. 아이가 불안해하거나 배고파하면 가급적 빨리 젖을 물려야 한다. 아이가 만일 뭔가를 던지려고 하면 아이의 의지를 꺾지 않기 위해서라도 그것을 제지해서는 안 된다. 오히려 그보다는 아이의 관심을 다른 곳으로 돌리게 해야 한다. 만일 아이가 여러 번이나 "왜?" 하고 물으면, 언제나 인내심을 가지고 설명해 주어야 한다. 아이가 한계를 느끼기보다는 차라리 그것에 대해 표현하고 말할 수 있게 해 주어야 한다. 아이를 돌보는 일은 완벽하게 수행된다. 엄마는 아이가 네 살, 다섯 살이 되어도 아이가 원하면 언제든지 우유를 줄 수 있다는 사실에 자부심을 느낀다.

엄마는 자신의 욕구를 아이에게 투영하면서, 흔히 아이의 진정한 기본 욕구에 대해서는 지나친다. 부모는 아이에게 보호가 필요할 때 의지를 준다. 그리고 아이의 의지를 펼치게 하기 위해서 아이에게 제한이 필요한데도, 부모는 사랑을 선사하기 위해 모든 것을 양보한다.

다음 도표는 지배욕이 생겨나는 위험지점을 다시 한번 명확하게 보여 준다.

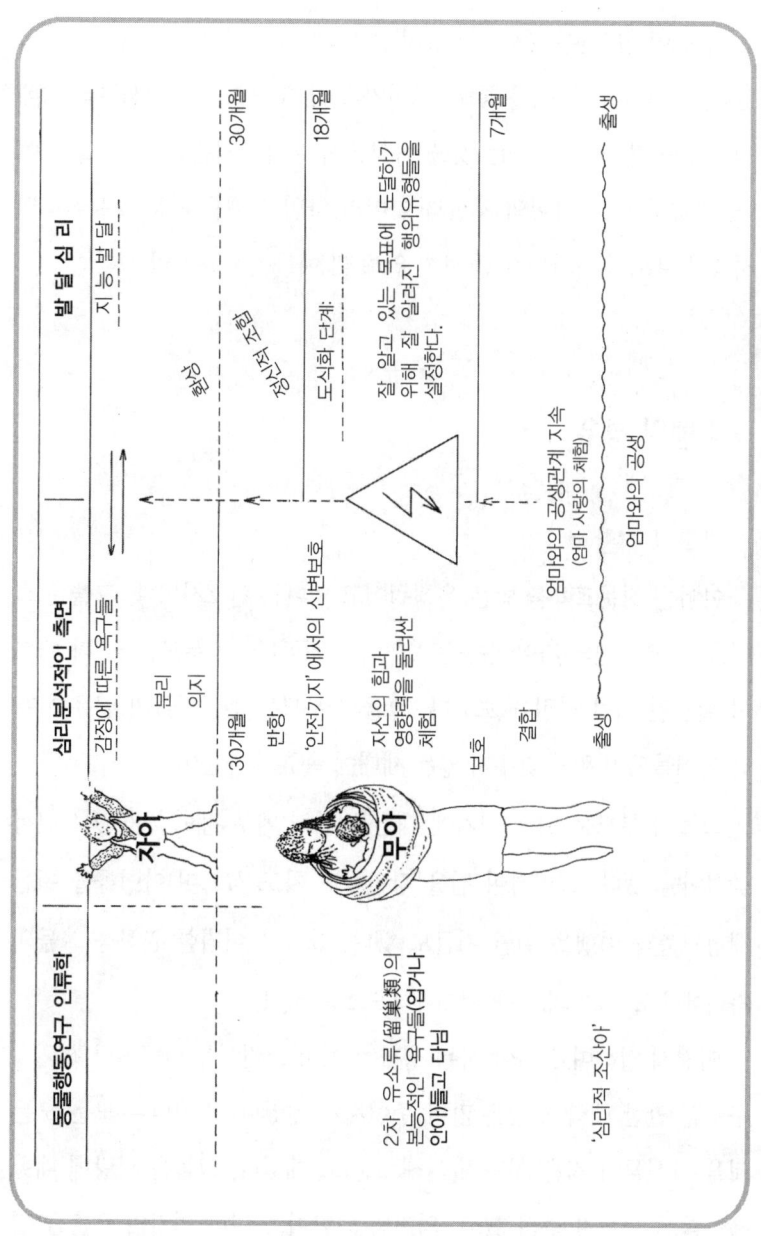

〈도표4〉 지배욕이 생겨나는 위험지점

동물행동연구 인류학	심리분석적인 측면	발달심리
	지능발달	30개월
	감정에 따른 욕구들	
		항상
		정신적 조합
	분리	18개월
30개월	의지	도식화 단계:
반항		잘 알고 있는 목표에 도달하기
'안전기지'에서의 신변보호		위해 잘 열려진 행위유 행동들을
자신의 힘과		설정한다.
영향력을 둘러싼		
체험		
	엄마와의 공생관계 지속	7개월
보호	(엄마 사랑의 체험)	
결함		
출생	엄마와의 공생	출생

2차 유소류(留巢類)의
본능적인 욕구들었거나
인아)들고 다님

'심리적 조산아'

다음 이야기들은 아이들이 권력을 얻게 되는 상황에 대해 묘사하고 있다. 이러한 작은 예를 통해, 아이가 밤에 부모를 깨우면서부터 지배적인 아이가 되어 간다는 것을 독자들이 이해하기란 쉽지 않을 것이다. 오히려 나는 아이의 체험과 아이의 마법 세계를 기준으로 아이의 시각과 부모의 위치를 바꿔 보기 위해 이 예들을 활용하려 한다.

스벤의 경우

부모의 상황

아빠는 전문교육을 받은 은행원이고 엄마는 간호사이다. 그들은 스벤을 위해 자신의 자아실현을 기꺼이 포기했다. 그 부모는 둘 다 애정이 결핍된 어린 시절을 보냈다. 그들의 부모는 전문가들의 권유에 따라 아이들의 비위를 맞추지 않는 세대에 속했기 때문이다.

그들의 부모는 전후 시기에 재건을 위해 매우 강도 높게 애쓰면서 맞벌이를 했다. 그리하여 집을 장만하고 차도 샀으며 아이들을 위한 재형저축과 여행을 위한 저금도 했다. 그들은 이러한 원칙을 그들의 자녀에게도, 그들의 후배 세대에게도 요구했다.

이렇게 일하며 살아야 하는 생활 속에서 스킨십을 한다거나 신뢰를 구축할 만한 대화 시간은 많이 주어지지 않았다. 스벤의 부모는 모든 것을 자신들이 겪은 것과 달리해 보려고 애썼다. 그들은 사랑에 대한 욕구를 충족시켜 주려 했고, 의지의 억압이 아니라 의지의 표출을 원했다. 다시 말해 아이가 의지를 펼치도록 자유를 허락했다. 그들은 어린 시절부터 완벽한 행동과 도움 속에서 대리만족을 찾기 위해 무의식적으로 힘든 시간을 보냈다. 그들은 자신의 부모를 어떤 잘못도 허용하지 않으려는 완벽주의로 착각했다.

스벤의 전사(前事)

임신은 건강에 무리 없이 진행되었다. 엄마는 아이와 매우 밀접한 친밀감을 느꼈으며, 아이에게 말을 건네거나 쓰다듬으며 수없이 많은 대화를 나누었다. 아이의 분만 상처를 피하기 위해 부모는 제왕절개를 결심했다. 그런데 수술과 마취가 엄마와 아이 사이에 필요한 공생의 이음새에 틈을 만들어 버렸다. 스벤은 엄마의 품에 붙어 있을 수가 없었다. 모자동실의 여건도 좋지 않았다. 스벤은 낮에는 온종일 엄마 곁에서 만족스럽게 지냈으나 엄마에게서 떨어져 유아방에서 지내야 하는 밤이 오면 울었다. 병원 관계자들은 제왕절개 수술을 한 엄마가 집으로 돌아가 생활하려면 휴식이 필요하다고 생각했다. 어떤 불안도 감지되지 않을 정도로 스벤은 갑작스럽고 늘 반복되는 변화의 불편을 잘 견뎌 냈다. 스벤은 밝고 교제하기를 좋아하는 명랑한 아이였다. 수유 시간과 잠자는 시간도 규칙적이었다. 다섯 달 후 스벤은 부모의 침실에서 자신의 방으로 옮겨졌다. 부모는 스벤이 커가는 것이 기뻤으며, 스벤이 고삐 풀린 아이로 자라기를 결코 바라지 않았다.

그들은 다른 부모들에게서 아이가 잠자러 가려고 이별 인사를 할 때, 밤 내내 부부 침대와 자신의 침대를 시계추처럼 왔다 갔다 하는 어려움을 겪는다는 이야기를 전해 들었다. 아이들은 한 번이라도 부모를 더 방해하기 위해 이런저런 불가능한 구실들을 찾는 것이다.

(여기서 나는 다시 한번 오늘날의 불합리한 교육적 사고를 지적하고 싶다. 아이를 떼어 놓는 것이 아이와의 결합에 앞서 먼저 시행되고 있다. '독립 공간', '혼자의 방', 즉 아이의 방이 출산 전부터 계획되어 있다.)

권력 획득의 밤

생후 8개월이 되었을 때, 스벤은 열 발작을 동반하는 열전염병을 앓았다. 열은 점차 내렸으나 밤이 되면 스벤은 울었다. 그리고 이제 스벤은 자신의 마법 세계를 체험했다. 그 세계는 부모와 온 집에 다 통하는 마법 세계였다. 그것은 엄청난 사건이었다. 먼 곳, 마치 다른 행성처럼 빛을 발했다. 부모님의 방에서, 거실에서, 복도와 아이의 방에서 '빛'이 보였다. 그와 비슷하게 스벤은 자신의 권력도 체험했다. 스벤이 우는 한, 엄마가 우주와 같은 마법의 세계를 지나 자신에게로 더 가까이 왔다. 엄마는 스벤에게 무엇이 필요할지 면밀히 살펴보았다. 더 이상 열도 나지 않고 땀에 젖지도 않았지만 목이 마를 것 같았다. 엄마는 우유병을 미리 전자 렌지에 데우기 위해 부엌으로 갔다.

스벤은 자신이 울면, 그것이 큰 빛이 되어 엄마도 오게 하고 우유병도 당도하게 한다는 것을 알아차렸다. 스벤은 우유를 마시지 않았다. 목이 마르지 않았기 때문이다. 그리고 잠잠해졌다. 그러자 엄마는 다시 모든 불을 끄고 침실로 가 버렸다. 그것은 스벤에게 대단한 성과였다! 온 세계를 움직이게 한다는 것이 얼마나 감격적인가. 이것은 낮에 엄마와 함께 하던 어떤 놀이와도 비교할 수 없는 것이었다. 스벤은 그것을 다시 한번 시도했다. 스벤이 다시 한번 목소리를 높이자마자 모든 것이 움직이는 사건이 반복되었다. 그리고 그것은 다시 스벤에게 전능과 같은 감격의 느낌을 안겨 주었다.

권력 요구의 확장

다음 날 밤 스벤은 또다시 자신의 마법을 시험했고, 그 마법은 고대하던 대로 이루어졌다. 이제 스벤이 소리 지르는 공격은 횟수를 더해만 갔다. 엄마는 다섯 번, 여섯 번, 스무 번이나 부부 침실과 아이방을 왔다 갔다 했다. 스벤은 밤을 낮으로 만들었다. 다음 날 업무 때문에 아빠는 엄마에게 아이방에서 잠잘 것을 요청할 지경이 되었다. 이것이 계기가 되어 스벤은 도무지 엄마와 떨어지려고 하지 않았다. 절망한 아빠는 엄마에게 아이의 기분 전환을 위해 뭔가 다른 것을 시도해 보라고 했다. 엄마는 스벤을 이리저리 안고 다녔으나, 그것은 스벤에게 그다지 매력적이지 않았다. 엄마가 스벤을 안고 거실로 나와 불을 켰을 때 스벤은 자신의 위력을 다시금 감지했다. 스벤은 자려고 하지 않고 오히려 더 놀려고 했다. 엄마는 스벤이 따라하게 하려고 장난감 자동차를 스벤 앞에서 이리저리 굴렸다. 그러나 그것은 스벤에게 별 효과가 없었다. 스벤은 엄마의 손을 잡고 자동차를 쥐라고 요구했다. 게다가 매번 엄마에게 "뛰뛰 빵빵" 하고 소리를 내게 했다. 스벤은 엄마의 손과 목소리를 제압했다.

'바뀐 수면리듬'의 결과는 좋지 않았다. 스벤은 낮에도 잠을 자지 않았다. 그래서 늘 불안정했다. 신경이 곤두서는 날들이 여러 주 계속된 후에, 부모는 소아과 의사의 조언에 따라 수면제를 이용하여 스벤의 수면리듬을 바로잡아 주려고 마음먹었다. 약은 즉시 효력을 가져왔다. 그러나 스벤의 활동적이며 전제군주와 같은 행동은 이제 다른 상황으로 전이되었다. 즉, 식사 때나 쇼핑할 때 그리고 산보할 때 유모차에 앉아 있는 상황에서 전제군주와 같이 행동했다. 이 무렵 부모는 열전염병을 수반한 바이러스 감염이 뇌에 손상을 가져올 수도 있다는 소아과 의사의 말을 듣고 매우 놀랐다.

권력 쟁취를 이루어 내는 기회들

아이에게서 눈에 띄지 않던 악마적 성향들이 언제부터 나타났는지를 살펴보면, 부모가 아이의 정상적인 성장단계에 맞추어 뭔가 변화를 줄 때 아이들이 권력을 쥐게 된다는 사실을 확인할 수 있다. 생후 6개월에서 12개월 사이의 아기에게서 우리는 무엇을 기대하는가? (장애가 있는 경우 이러한 규정들은 생후 1년을 넘기기도 한다.) 우리는 아이가 밤에 잘 자고, 유동식에서 고형식으로 그리고 야채와 과일식사로 바뀌게 되기를, 또 기는 것과 뛰는 것을 배우게 되기를 기대한다. 즉, 아기가 자고 먹고 활동하게 되기를 기대한다. 부모에게는 잠과 식사가 중요하다. 교육적인 의미도 있겠지만 먹고 자는 것은 생존에 필수적이기 때문이다. 이 부분에서 부모들은 가장 민감하게 신경을 곤두세운다. 부모들은 여기서 그들의 권력을 잃을 기회를 쉽게 만들고 만다. 아이는 반항하면서 부모와 실랑이를 벌이는 동안 재차 자신의 힘을 인식한다.

'도식화 사고'의 단계에서 눈에 띄게 권력 획득이 점점 더 많아지는데, 그것은 정해진 행동양식에 대한 집요한 고집으로 나타난다. 즉, 정해진 목표를 달성하기 위해 정해진 상황에서 정해진 방법으로 행동한다. 자신의 목적에 따라 정하고 제멋대로 만든 규칙에 대한 이러한 고집은 괴벽의 성격을 띠고 있다. (그것은 내게 전체주의 국가의 폭력 행사나 법규와 같은 지배 방식을 기억나게 한다. 또 여기서 순전히 자기 목적만을 세우게 된다. 그리고 그것을 이루어 내는 방식도 독단적이다.)

부모들이 더 잘 보살펴 줄수록 그리고 부모들이 공감대나 책임감을 크게 느낄수록, 부모들은 더 양보하도록 강요받는다. 성장 발달단계도 이 문제에 한몫한다. 그 시기는 치아발육 시기이며 접종 시기이기도 하다. 아이는 규범에 따라 움직이고 간단한 방식으로나마 자신의 의사도 전달한다. 그러면서 부모들은 놀라운 진단 결과를 받아들게 된다. 신체장애나 정신지체 등이 언급된다. 이제 모든 방법을 동원하여 이 아이가 원하는 바를 따라야 한다.

수면장애의 예들

스벤은 밤마다 엄마를 깨운다. 그리고 전깃불을 켜게 하고, 마시고 싶지 않으면서도 우유병을 달라고 한다. 나중에는 자신의 '입법'을 강화한다. 스벤은 엄마 품에 안겨 온 집을 돌아다니기 원하고, 어떤 전례 총서에 따라 불을 켜야 할지도 정한다. 그리고 마침내 엄마는 스벤의 각본에 따라 장난감 자동차를 움직여야만 한다.

이레네는 매일 밤 정확히 1시 20분에 — 자명종을 대신할 만큼 정확히 — 엄마를 침대로 불러들였다. 엄마는 눕지도 못하고, 책상다리를 하고 아이를 품에 안은 채 정해진 멜로디의 자장가를 흥얼거려야 했다. 매우 주의해서 노래를 흥얼거려야 했는데, 엄마가 가사를 붙여 노래하면 이레네가 소리를 크게 지르며 반항하기 때문이다. 이레네에게 있어서 이 전례 규범의 정점은, 엄마의 결혼반지를 빼내어 자신의 작은 손가락에 끼운 채 돌리는 것이었다.

랄프는 잠들 때 엄마를 자신의 침대 모서리에 앉게 하고는 엄마가 자신의 왼손을 잡도록 요구한다. 랄프가 잠들 때까지 엄마가 눕거나 랄프를 쓰다듬거나 왼손 대신에 오른손 잡는 것을 허용하지 않았다.

식사장애

루이자의 경우에서 설명한 것과 흡사하게, 15개월 된 얀은 극단적으로 나쁜 식습관 때문에 소아과로 오게 되었다. 7개월 때부터 얀은 단지 모유만 먹고 모든 다른 음식을 거부했다. 엄마는 기꺼이 더 오래 수유하려고 했으나 그녀의 젖이 아이에게 영양을 공급하기에는 충분치 않았다. 얀은 밤에 세 번이나 엄마를 깨웠고 젖을 달라고 졸랐다. 엄마가 거부하면 엄마의 잠옷을 뜯고 엄마의 가슴에서 피가 날 때까지 젖을 물고 놓지 않았다.

나는 아이가 네 살이 될 때까지 젖을 먹이던 몇몇 엄마들을 알고 있다. 즉, 그 엄마들은 아이가 원하지 않을 때까지 젖을 먹인 것이다. 이런 아이들 가운데 몇몇은 지배욕이 강한 아이로 발전했다. 그들의 엄마들은 언제 어디서나 젖을 먹였다. 그 아이들은 아무 데서나 상황에 맞든 맞지 않든 개의치 않고 엄마들을 이용했다. 자신에게 정해진 한계를 엄마를 통해 알게 된 다른 세 살 미만의 아이들은 기본적인 배려 — 말 그대로 '상대방에 대한 피드백이라는 관점'에서 — 를 알고 있다.

지금 일곱 살 된 카스텐은 생후 9개월 때부터 매우 여러 번 병원에 입원했다. 염색체 검사와 다이어트 처방 때문에 입원은 필수적이었다. 그러면서도 음식섭취를 거부했다. 카스텐은 1차 심리요법을 취할 때까지 5년간 카테터로 영양을 공급 받았다. 중간에 가끔씩 간호사들이나 아빠가 주는 음식은 받아먹었으나 엄마가 주는 음식은 언제나 모두 거절했다.

안네리제는 생후 1년 반이 될 때까지 물어뜯지 말아야 하거나 씹지 말아야 할 것들만 먹었다. 이가 난 이후로는 간 음식이나 야채만 먹으려고 했다. 시금치가 주식이었다. 또 수돗물만 마셨다. 밥 먹을 때 아빠가 그 옆에 항상 앉아 있어야 했고, 그렇지 않으면 아무것도 먹지 않았다. 이러한 상황은 여덟 살인 지금까지도 계속되고 있다. 일곱 살인 마리오는 단지 비스킷과 마른 빵만 먹는다. 그밖의 다른 것을 먹을 때는 펼친 우산 아래 음식이 차려져 있을 때뿐이다.

권력 방편으로서의 운동능력

그 당시 한 살이던 카트린을 데리고 부모는 산으로 휴가를 떠났다. 그들은 휴가를 자동차나 유모차 없이 그리고 텔레비전 없이 보내려고 했다. 산보할 때 카트린은 아빠의 어깨에 타고 있었다. 특히 카트린은 나무 그루터기와 돌 위를 지날 때 매우 즐거워했다. 그런데 아빠가 잠시 쉬려고 멈추자 카트린은 아빠에게 계속 갈 것을 요구했다. 그러면서 작은 주먹으로 아빠의 머리를 북 치듯이 두드렸다. 아빠는 더 빨리 뛰었다. 카트린이 북을 빨리 치면 빨리 칠수록 아빠는 더 빨리 뛰었다.

수면장애에서도 많은 아이들이 어떤 템포와 어떤 상태로 온 집을 헤매고 다닐지 스스로 규정한다.

나와 상담한 한 엄마는 어떻게 지배욕이 자신의 일곱 살짜리 아들에게 생겨날 수 있는지 알고 싶어 했다. 그 아이는 엄마와 모든 주변에 폭군처럼 행동한다고 했다. 나는 이 작은 꼬맹이의 폭압적인 권력 체험이 바로 지금 어떻게 이루어지는지 설명했다. 벤야민은 계속 엄마의 품에서부터 아래로 미끄러져 내려갔다. 물론 양탄자가 깔려 있고 난방이 되어 있으며 바닥도 깨끗했고 가까이에 동물도 없었다. 그러고는 내 카세트 레코드 쪽으로 달려가서 버튼을 돌렸다. 벤야민은 엄마가 자신을 품에 안고 있지 못하게 했을 뿐 아니라 나까지 움직이게 만들었다. 나는 매번 일어서서 그를 다시 엄마의 품에 데려다 주었다. 그러면 즉시 엄마의 품에서 다시 벗어나 내 반응을 살피고는 동일한 장난을 반복했다. 이 작은 악동은 우리를 어떻게 자신의 규범에 끌어들일 수 있는지, 성인이자 삶의 경험이 많은 부인들이 어떻게 자신의 규범을 따르게 되는지 정확히 알고 있었다.

부모에게 제동이 걸리지 않고 지배욕으로 넘어온 사례들, 즉 어린 시절에 시작된 권력 장악의 비슷한 예들을 우리는 폭력 정치가나 살인

광란자, 마약 중독자와 같은 이상 심리자들의 전사(前事)에서 발견할 수 있다. 얼마 전 나는 한 살인자의 우직한 아버지와 인터뷰를 하다가 다음과 같은 말을 들었다. "우리 아이는 원래 한 살 때부터 고집이 세었지요. 사람들은 아이의 손을 결코 잡아서는 안 되었어요. 그런데 아기였기 때문에 아무도 그것을 이상하게 여기지 않았지요."

그렇다. 누가 그것을 이상하게 여기겠는가?

자는 것과 먹는 것, 육체적인 폭력 행사 외에도 절대적 권능이 보장된 여전히 많은 다른 계기들이 있다. 외동이라든가 응석받이, 저숙아(低熟兒), 아픈 아이 등도 그러한 계기에 노출되어 있다.

그 당시 두 살이던 알렉산더가 즐겨하는 일은 전기 스위치나 전자제품의 버튼을 누르기 위해 부모나 형들에게 들어 올려 달라고 하는 것이었다. 나중에는 아빠의 자동차 경적을 누르려 했고 텔레비전 버튼도 마구 누르려 했다. 두 번째 생일날 알렉산더는 카세트 레코더를 선물받았다. 알렉산더는 노랫소리가 크게 나도록 틀어 두었다. 그러다가 다시 멈추게 하고 또다시 트는 행동을 반복했다. 버튼을 누름으로써 위대한 세계를 통제한다는 것이 두 살짜리 아이에게는 환상적인 느낌이었음이 틀림없다.

한스 페터는 세상의 지배에 대한 최고의 체험을 했다. 그가 소리 지르는 발작을 하면서 호흡이 멈추었을 때, 그는 곧 이런 상황이 자신의 모든 반항을 대신해 준다는 것을 알아차렸다. 그는 자주 침묵하거나 새파랗게 질린 모습으로 온 세상이 자신의 기대대로 움직이도록 조종했다.

청력장애를 가지고 있는 미카엘은 양모실 뭉치 푸는 것을 좋아했고, 상대방에게 그것을 다시 감으라고 했다. 그리고 욕조에 늘 물이 채워져 있어야 했다. 욕조에서 물이 빠져 나가면 다시 물을 채워야만 했다. 미카엘을 안정시키기 위해 가족들도 이 놀이에 동참했다. 그들은 청각장애가 있는 미카엘을 동정하고 있었다.

권력 쟁탈을 둘러싼 이야기를 열거하자면 끝없이 이어질 수 있다. 많은 아이들 중에서도 특히 외동이들에게는 전권력이 주어진다. 아이들이 그것을 요구하는 과정 없이 그리고 부모들도 알아차리지 못한 채 그러한 상황이 전개된다. 부모와 상담하다 보면 권력이양의 시점을 모르는 경우가 많다. 어린 파샤는 햇빛이 비추는 섬에서 반항하거나 뭔가를 관철시켜야만 할 어떤 계기도 없었다. 사랑과 양보심 그리고 배려로 사람들은 파샤에게 장애가 되는 모든 것들을 미리 알아서 치워 주었다. 부모는 사소한 반항을 무리 없이 수용하였고, 불합리한 것을 요구하는 경우에도 심지어 기뻐하면서 파사에게 특권과 지배권을 기꺼이 주었다. 진정한 보호가 없는 자유는 강요의 포로로 이끈다는 것을 아무도 생각하지 못했다. 아빠는 스스로 텔레비전 켜는 일을 포기했다. 그리고 엄마가 전화하는 것 때문에 아이가 화났다고 느낄 때면 엄마는 전화를 끊었다. 많은 엄마들이 알려 주지 않아도 고충을 알아차리는 충실한 궁중 하녀들같이 행동한다. 그들은 요리법을 시범 보이며, 놀고먹는 세상의 작은 왕자들이 즐겁도록 모든 것을 마련해 준다. 또 기쁘거나 화를 내는 아이의 감정 상태에 따라 좌우되면서 아이에게 짓눌려도 화를 내지 않는다. 그러나 누구도 이것이 파샤가 전제군주가 되는 지름길임을 알지 못한다.

이런 일은 입양아인 세바스찬에게도 일어났다. 세바스찬의 양부모는 아이가 유산되자 크게 절망했으며, 그럴수록 아이에 대한 열망은 더욱 커져만 갔다. 그밖에도 양가의 조부모들에게 세바스찬은 첫손자였다. 세바스찬을 입양했을 때 엄마와 외조부모 그리고 이모에게도 세바스찬은 더할 수 없는 큰 기쁨이었다. 왜냐하면 이미 오랫동안 이 가계에는 아들이 없었기 때문이다. 세바스찬을 기쁘게 해 주고 값비싼 장난감을 선물하기 위해 각지에 있는 친척들이 방문했다. 그들은 세바스찬의 입술을 보며 그가 표현하지 않아도 무엇을 원하는지 읽어 냈다. 곧 세바스찬은 가족의 모든 일들을 결정했다. 세바스찬이 메뉴를 정했고 그것만 요리해야 했다. 또 산책하는 방향을 정했으며, 만일 어른들이 다른 길을 선택하여 자신이 원하는 데로 갈 수 없을 때는 그 대가로 충분한 보상을 받아 냈다. 텔레비전 리모콘도 완전히 세바스찬의 것이었다. 부모는 세바스찬이 선택한 프로그램을 같이 보았는데 그것이 아이들을 위한 것일 때는 함께 아이들의 세계로 빠져 들었고, 어려운 프로그램일 때는 세바스찬의 호기심 어린 모든 질문에 대답해야만 했다. 또 세바스찬은 어떤 손님을 초대해야 할지, 손님과 어떤 톤으로 대화해야 할지도 모두 결정했다. 어른들이 세바스찬의 요청에 따라 함께 놀아 주기 위해 대화를 중단해야 하는 일도 흔히 있었다. 그러면서도 어른들은 세바스찬을 기쁘게 해 주기 위해 늘 그가 하자는 대로 했다. 부모는 세바스찬이 유치원에서도 일인자가 되도록 도와주었다. 나쁜 아이들과 어울리지 못하게 하면서 그에게 잘 맞는 친구들을 골라

주었다. 세바스찬은 자신을 위해 외교의 길을 닦아 주는 외무부장관 부모의 도움으로 점점 더 왕자로 커 갔다. 세바스찬은 밝고 상상력이 풍부했으며, 자신의 신하들을 즐겁게 관찰하면서 그들을 지배했다. 유치원에서도 이러한 역할을 했으며 초등학교에 들어가서도 계속 했다. 왜냐하면 세바스찬은 아이들 가운데 가장 똑똑했고 유치원 여자 아이들이나 여선생님들에게 사랑받는 아이였기 때문이다. 한 여자 아이를 세바스찬의 동생으로 입양했을 때도 세바스찬의 자리는 흔들리지 않았다. 언제나 폭군 역할을 하고 있었기 때문이다. 세바스찬은 여자 동생도 쉽게 자신의 왕국으로 끌어들였다. 그 동생 또한 의심할 바 없이 세바스찬 때문에, 그리고 세바스찬을 위해 입양되었기 때문이다. 세바스찬은 첫째 궁녀인 엄마가 자신을 위해 동생을 돌본다는 것을 알고 있었다. 김나지움(Gymnasium: 독일의 중등교육 기관- 편집자 주)에 들어가서야 비로소 세바스찬은 그 끔찍한 왕권 찬탈을 감수해야 했다. 자신의 중심점을 잃었을 뿐만 아니라, 자신이 많은 아이들 가운데 하나가 되어 버렸을 때 — 그것은 왕국이 공화국이 될 때 왕에게서도 비슷하게 일어난다 — 그리고 영어 시험에서 1등을 놓쳤을 때, 세바스찬은 쉬는 시간을 이용하여 1등 한 아이를 때렸다. 집에서는 매우 의기소침해졌다. 처음으로 자신의 공격성을 분출한 후 억제할 수 없는 공격성으로 인해 세바스찬은 나와 면담하는 시간을 갖게 되었다.

두 사람이 같은 것을 행한다 해도
그것이 똑같은 것은 아니다

미개 문화권 엄마들은 대단한 교육적 이론이나 발달심리적인 이론을 접하지 못하기 때문에 지금까지 언급한 엄마들보다 훨씬 더 단순하게 행동한다. 그들은 자신의 생활 조건이 지니고 있는 제한된 상황을 감수해야만 한다. 아이가 무엇을 원하는지 물어볼 수도 없다. 아이들도 엄마들이 적응하는 환경에 순응해야만 한다. 내 어머니 역시 1930년대에 체코슬로바키아에서 내가 수면장애를 겪었을 때, 좁고 현대화되지 못한 주거 환경으로 인해 내게 해 줄 수 있는 일이 별로 없었다. 어머니는 내가 울면 즉시 침대로 데리고 가 나를 자신의 따뜻한 몸으로 누르며 다시 잠들도록 흔들어 주었다. 밤에는 난방이 되지 않아 집 안에서 나를 안고 다닐 수도 없었다. 따뜻한 장소는 유일하게도 침대였다. 그곳에서 나는 큰 소리를 낼 수가 없었다. 좁은 공간에 아빠와 다른 형제들이 자고 있으므로 그들이 깨면 안 되기 때문이었다. 우유병을 데우는 일도 석탄 화덕의 열을 이용해야만 가능했다. 그래서 어머니는 자신이 할 수 있는 한 오래도록 내게 젖을 먹였고, 밤에는 마실 것을 주지 않았다. 나를 달래고 진정시키는 일은 둥지 안에서 육체적인 접촉을 하는 것으로 제한되었다.

에스키모 엄마는 따뜻하게 옷을 입어야 하므로 아이가 원하는 대로 늘 젖을 줄 수가 없었다. 젖을 마음대로 먹이는 것은 집에 두 사람만 있을 때, 그리고 태어난 지 한 달이 지났을 때만 가능했다. 그리고 좀 더 자란 아이는 — '도식화 사고'의 발달단계에서 — 엄마가 일을 해야 하기 때문에 등에 업어야만 했다. 아이는 포만감에 대한 자신의 욕구를 엄마의 상황에 맞추어 제한적으로만 충족시킬 수 있었다.

아직도 전 세계의 많은 유아들이 굶주리고 있다. 그 아이들은 먹을 것을 거의 얻지 못한다. 아이는 가족의 식사시간에 자신을 맞추어야 한다. 중국 출신의 가난한 가족의 아이가 밥을 거부할 경우 그 아이는 굶어야만 한다.

마찬가지로 페루 출신의 한 엄마는 들일을 하거나 장에서 일하거나 벼락을 피해 도주할 때, 아이가 아무것도 할 수 없게 한다. 엄마가 아이를 책임질 수 있을 경우에만 아이는 엄마 품을 떠날 수 있다. 아이는 엄마의 몸에 그리고 엄마의 일터 상황에 또 일반적인 생활 조건에 적응해야만 한다. 아이는 바닥을 기어 다닐 수 없는데, 그것은 바닥이 더럽고 벌레나 뱀 같은 것들이 있기 때문이다. 그래서 그곳의 엄마들은 아이를 보호하기 위해 아이를 늘 매달고 다녀야 한다.

내가 안는 것이나 젖 먹이는 것을 문제시하려는 것은 아니다. 가난한 나라의 문화권에서 자란 아이들이 기술소비 세계에서 자란 동일한 나이의 아이들보다 더 밝고, 또 나이가 들수록 점점 더 성숙해진다는 사실이 비교연구에서 밝혀졌다. '잃어버린 행복'[28]을 찾아 우리는 옛 전통으로 돌아간다. 나는 "종종 육체적인 접촉, 육체적인 온기, 보호, 감정적인 체험 그리고 엄마의 사랑과 같은 개념들을 중시 여긴다. 인간 관계에서 이러한 것들 가운데 어떤 것도 과소평가하고 싶지 않다. 그러나 우리가 그런 것들이 지니고 있는 영향력의 구조적 메커니즘을 이해하지 못하는 한, 그것들은 오히려 무엇이 들어 있는지 알 수 없게 봉인된 겉표지의 화려한 상표에 불과하다."라는 H. 파포우젝(H. Papoušek)과 M. 파포우젝(M. Papoušek)[29]의 말을 인용한다. 그리고 그 말에 전적으로 동의하며 다른 문화권에 대한 이해가 수반되지 않은 채 그 문화권의 생활방식을 전용하는 것은 위험하다는 말을 덧붙이고 싶다. 말하자면 봉인된 겉표지 속에는 겉표지와 내용물을 파괴하는 독이 들어 있을 수도 있는 것이다.

이미 말한 바와 같이, 두 사람이 같은 것을 행한다고 해서 그것이 똑같은 것은 아니다. 미개 문화권에서는 아이가 엄마와 대가족의 생활 여건에 자신을 적응시켜야만 한다. 아이는 항상 위안을 얻으려 한다. 그러나 엄마들은 아이가 원하는 대로 육체적인 자유나 먹을 것, 자기주장 등을 무제한적으로 들어 줄 수 없다. 한편 고도 산업 사회의 문화권에서 엄마는 자신의 가정환경 틀 안에서 아이— 주로 외동이 — 에게 자신을 적응시킨다. 이것은 반전일뿐만 아니라 바로 적응 관계의 굴절이기도 하다. 이 두 가지 상황은 근본적으로 다른 것이다.

쉽게 이해할 수 있는 원인들로는 현대 기술에 기반을 둔 안락함과 소비 공급의 과잉을 들 수 있다. 이런 환경은 아이가 세상에 적응하는 대신 아이로 하여금 세상이 자신에게 적응하는 것을 체험하도록 만들어 주었다. 기술 발달과 넓은 집도 밤에 아이가 엄마를 불러내어 집안을 여기저기 돌아다니게 만든다. 즉, 온 집은 난방이 다 되어 있고, 불을 켜거나 끌 수 있으며, 언제든지 젖병을 데울 수 있는 전기설비도 완벽하게 갖추고 있다. 아이는 자신의 방도 가지고 있다. 그리고 '인형들을 춤추게' 할 수 있다. 영양 공급의 과잉은 아이가 음식의 정해진 상표, 정해진 색깔, 정해진 포장을 고를 수 있거나 그것만을 고집하게 만든다. 엄마들의 가사 노동이 축소되고 그 일마저 거의 자동화되어 버렸기 때문에, 밤에 정해진 방식과 정해진 속도로 안을 것을 명령하는 아이의 요구를 따를 수 있게 되었다. 잘 손질된 카펫에 난방이 잘 된 아이방에서, 아이는 원하기만 한다면 얼마든지 자유롭게 움직일 수 있다. 그 공간에는 벌레나 뱀 혹은 다른 동물과 같은 위험도 도사리고 있지 않다. 별로 힘을 들이지 않고 살짝 버튼을 누르는 것만으로도 아이는 그림이나 소리를 보고 들을 수 있으며 또 그것을 지워 버릴 수도 있다. 아이는 마치 자신이 전 세계를 움직이거나 파괴할 힘을 가진 듯이 여기게 된다.

우리가 창조의 법칙에서 멀어지면
어떤 일이 발생하는가

한 예가 있다. 아빠는 경찰지서장이어서 법에 대해 잘 알고 있는 사람이다. 사회의 선과 악 사이에서 그것을 구분해 내는 것이 아빠의 직업이다. 엄마는 사회교육학 학자이다. 그녀는 공부하면서 어떻게 자기 자신이 아이에게 선과 악을 구분하도록 가르칠 것인지를 고민했다. 그런데 엄마에게는 문제가 많은 첫 아이 옌스가 있었다.

옌스는 두 살이었다. 첫눈에도 그 아이의 과잉행동이 드러났다. 옌스는 상담실에 있는 동안 이 장난감에서 저 장난감으로, 이 의자에서 저 의자로, 가만있지 못하고 나비처럼 날아다녔다. 그런데 상담의 원래 목적은 완전히 다른 것이었다. 어떤 일로 상담하게 되었느냐는 내 질문에 부모는 한 목소리로 "우리 아이는 공격적이에요." 하고 말했다.

나는 "축하합니다." 하고 덧붙여 말했다. "옌스는 발달단계에 따라 잘 자라고 있어요. 두 살 때 아이들은 지금 옌스처럼 자신의 힘을 체험해 보려는 커다란 욕구를 느끼지요. 그러나 아이들이 한계와 저항도 체험할 수 있도록 해 주어야 합니다. 옌스가 지니고 있는 삶의 활기를 기뻐하세요! 다만 옌스는 무기력한 다른 아이들보다 더 많은 통제가 필요합니다. 저는 자주 이런 활달한 힘을 냇물에 비유합니다. 물결이 흐르는 소리가 클수록 강바닥의 깊이와 넓이를 더 많이 조절해 주어야 합니다. 물과 홍수 등 위험스런 상황까지 버텨 낼 수 있도록 하려면 충분히 강바닥이 넓고 깊어야 하며 해안도 견고해야 하는 것입니다." "네. 그것이 문제입니다." 아빠가 한숨을 쉬었다. "아드님이 공격성을 어떻게 표현하고 있으며 누구를 주로 공격하나요?" 내가 물었다. "우리를 모두 공격하지요. 옌스는 우리를 때려요. 나를 때리고 제 아내를 때리지요. 그리고 할아버지와 할머니도 때립니다. 당신도 아시잖아요. 왜 그 아이를 말릴 수 없는지. 그 애는 누군가와 맞붙어 싸우길 원해요. 그러니 누구하곤들 안 싸울 수 있겠어요? 우리는 기꺼이 옌스의 상대가 되어 주지요. 우리는 그것을 진지하게 생각하지는 않았어요. 어쩔 수 없이 아이의 파트너, 아이의 짝이 되지요. 그런데 그 문제 때문에 우리가 여기 온 것은 아니에요. 문제가 커졌어요. 옌스가 유아원에서 다른 아이들을 때렸어요. 아이들을 사납게 밀치거나 손에 들고 있던 나무 자동차로 말이에요." 이 대목에서 엄마도 말했다. "그래서 다른 엄마들이 항의했지요. 다른 엄마들은 자신의 아이들이 유아원에 가기를 무서워하며, 옌스가 싸움을 걸어 아이들이 싸우게 된다고 말하면서 그런 것을 원치 않는다고 했어요. 그래서 우리가 상담하러 온 거예요." 나는 말했다. "그렇게 해서 범죄로 이어지는 대책 없는 공격성이 시작됩니다. 어린 아이에게 공격의 체험이 한번 각인되면 그것은 오래도록 남아 있게 됩니다. 어린 한스 때 배웠던 것을 어른이 된 한스가 하게 되기 때문이지요. 이 민감한 시기에 제3세계 아이들은 그런 공격을 자신과 관련된 사람들의 몸에 가합니다. 그 아이들은 분노의 표출이나 때리는 것으로 가혹한 형벌을 받지는 않으나, 직접적인 피드백을 체험하게 되고 그것과 더불어 한계도 알게 됩니다. 그리고 그러한 강도는 그 사람들과 자신의 친숙한 정도에 따라 달라집니다. 그러면서 아이는 여러 사람들의 감정을 간접적으로 체험하게 되고 그들의 감정에 이입될 기회도 접하게 됩니다. 아이는 어떨 때가 너무 심한 경우인지, 다른 사람들이 자신으로 인한 고통을 어떻게 견디는지 체험하게 되지요. 그런 체험을 하면서 때리는 것을 멈추게 됩니다. 그의 공격성을 제지하는 해결법은 포대기 속에서 행동방식을 통해 이미 이루어집니다. 두 손 사용이 저지되면서 말이지요. 두 살된 아기들은 아직 미래를 예견하여 생각할 수 있는 정도가 되지 못합니다. 아이는 자신이 공격한 결과를 아직 상상할 수 없으므로 책임 있게 행동할 수가 없습니다. 아이는 이러한 구분을 훨씬 나중에야 알게 됩니다. 아이가 아직 스스로 내적인 제지를 하지 못하는 한, 외적인 제지를 통해 공격성을 차단해야 합니다."

나는 옌스가 그들에게 대들었을 때 그들이 옌스에게 어떻게 반응하는지 물어보았다. 이런 대화를 하는 동안에도 옌스는 아빠의 가슴에 기어올라 귓불을 점점 더 심하게 잡아당겼다. 결국 아빠가 옆으로 저지하려고 하자, 옌스는 작은 주먹으로 아빠를 때리기 시작했다. 그때 아빠는 어떻게 했는가? 아빠는 아이를 부드럽게 안으며 화난 숨소리로, 그러나 경탄 어린 목소리로 "오, 너 힘이 참 세구나?" 하고 말했다. 이러한 말은 아이에게 화도 아니고 즐거움도 아닌 것으로 인식된다. 아이가 파악할 수 없는 이중적인 감정들의 불분명한 혼합이다. 그로 인해 생겨나는 불안은 분명한 반응을 불러일으킨다.

이야기의 출구를 독자들은 쉽게 알아차릴 수 있을 것이다. 분명한 것은 옌스가 아빠를 다시 자꾸 때렸다는 것이다. 독자는 마지막 장 "무엇을 할 것인가"에서 그 답을 스스로 알게 될 것이다.

나는 이 자리에서 부모들이 어떤 잘못을 저지르고 있는지, 그리하여 어떻게 아이의 공격성을 조절할 수 없게 되는지 제시하고자 한다. 인간이 다른 사람들과 좋은 관계를 유지하려면 창조적인 법칙들과 결합되어야만 한다. 이런 법칙에서 벗어나 멀어지면 좋지 않은 상황에 처하게 된다. 삶의 양식은 하드웨어와 소프트웨어처럼 자연의 법칙에 따라야 한다. 고정판이 없으면 최상의 프로그램도 작동할 수 없다. 모세의 율법판도 그러한 '고정판'을 제시한다. 십계명은 공동생활의 기본 규율을 적어 놓은 규약으로 이해될 수 있다.

부모들이 더 이상 존중받지 못하면

십계명 중에 "네 부모를 공경하라"는 넷째 계명은 심리학적으로 볼 때 가장 커다란 의미를 지니고 있다. 이것은 인간이 영혼의 교란에서 벗어날 수 있는 심리적 기반이라는 점에서 가장 중요하다. 그래야만 "땅에서 오래 살며 번성할 것이다."는 계명이 지켜질 수 있다. 특이한 것은 이유를 포함하고 있는 유일한 계명이 바로 그 넷째 계명이다. 왜 하필이면 넷째 계명인가? 인간이 이것에 대해 생각하고 답을 알아내는 것은 불손한 일일 수도 있다. 그런데도 나는 그런 시도를 감행한다. 왜냐하면 나는 매일 내 심리 상담실에서 그 계명을 이행하지 못했을 때의 결과를 보고 있기 때문이다. 이 계명은 뭔가 사람들이 잘 인식하고 자의적으로 지켜야만 하는 다른 필수 불가결한 계명들과는 좀 차이가 있다. 그렇게 해야만 보호가 필요한 어린이에서 자유로운 성인으로 성장할 수 있기 때문이다. 만일 내가 간통이나 도둑질 혹은 나쁜 짓을 한다면 큰 죄를 짓는 것이다. 그래도 나는 계속 성장해 갈 수 있다. 그러나 내가 부모를 존중하지 않는다면, 나는 채워지지 않는 욕구에 시달리며 부모 품을 떠나지 못하는 아이 상태에 계속 머무르게 된다. 내가 성장할 것을 원하고 또 다른 사람들이 그것을 기대한다 해도 나는 성장하지 못할 것이다. 나는 스스로 설 수 없다. 이미 언급한 대로 내 경우도 좋지 못한 상황이었다. 나는 책임감이나 충족 욕구가 나를 더 이상 저지하지 않게 된 후에야 비로소 독립할 수 있었다. 그리고 내가 부모를 존중할 수 있을 정도로 성장했을 때, 비록 그들이 내게 모든 것을 해 주지 않아도 독립할 수 있었다. 내 마음은 더욱 선(善)에 대하여 감사하며, 모든 의구심에도 불구하고 내가 부모의 운명을 존중할 준비가 되었을 때 독립할 준비가 되었던 것이다.

아이는 부모 존중을 어떻게 배우는가

가장 효과적인 방법은 모범을 보이는 것이다. 사회적 행위의 첫째 기본 전형을 아이는 자신의 부모에게서 배운다. 아이는 수동적 관망자만은 아니다. 관찰은 동시에 체험이다. 아이는 부모에게서 어떻게 사랑하는지, 어떻게 서로 돕는지, 어떻게 다투고 화해하는지, 어떻게 의견 차이를 타협을 통해 좁혀 가는지, 어떻게 하나의 목표를 추구하는지, 모든 의구심에도 불구하고 어떻게 서로 존중하는지, 이 모든 것을 배운다.

또 다른 상황에서도 모범은 중요하다. 부모가 명백하게 행동할수록 아이는 더 쉽게 사회적 행동방식을 배운다. 그것은 명확하게 인식되어야만 한다. 즉, 아이들이 '노우'는 노우로 '예스'는 예스로 확실하게 받아들일 수 있도록 해 주어야 한다는 것이다. 이러한 명확한 예측을 통해 신뢰에 대한 가능성과 보호방식이 각인될 수 있다. 동일한 상황에서 한결같이 동일하게 반복해 주어야 하는 것이다.

선한 행동양식은 아이의 마음에 익숙해진다. 이런 방식으로 양심의 형성을 위한 좋은 토대가 놓이게 되는 것이다. 이것은 인간뿐만 아니라 다른 동물들에게도 해당하는 일반적인 체험이다. 좋은 전형으로 효력이 생기는 것이다. 우리는 약자를 모방하지 않는다. (자동차를 운전할 때 우리는 초보자에게 배우지 않고 숙련된 운전자나 운전교습 강사에게서 배운다.) 창조적 법칙으로서 모범의 자연스런 자율성이 생성되는 것이다. 그 때문에 아이에게 모범적 전형이 필요한 시기에 부모의 우월성을 인지

할 기회를 갖는 것은 매우 중요하다. 그런 것을 통해 아이는 창조의 지혜에도 적응할 수 있다. 즉, 부모는 아이인 자신보다도 더 크고 더 성숙하며 더 강하다. 아이 자신은 아직 작고 미성숙하며 더 약하다 것을 인식해야 한다. 그렇게 함으로써 때리는 것을 통해 강한 것을 주장하는 것이 아니라, 삶의 성숙함을 통해 강한 것을 드러내야 함을 배우게 된다. 이렇게 성숙해 가면서 아이는 책임감도 배우게 된다.

그러나 1960년대의 이데올로기는 이와 반대되는 견해를 주장했다. 그 시기에는 부모와 아이들이 대등하다는 견해가 팽배했다. 그것이 듣기에는 좋으나 커다란 혼란을 야기했다. 왜냐하면 부모들과 아이들은 동일한 평면에 서 있지도 않고 동일한 권리를 가지고 있지도 않기 때문이다. 먼저 권리를 얻은 사람은 의무와 책임도 넘겨받아야 한다. 부모가 우선이다. 만일 부모가 아이와 동일한 지평에 놓인다면, 아이와 같은 눈높이를 지니게 되어 아이 같아지면서 유치해지게 된다. 거기에 반해 아이는 어른의 지평으로 높아져야만 한다. 그 지평에서 아이는 아이가 아니라 어른으로 성장해야 한다. 아이를 적절치 않은 지평에 맞추어서는 안 된다. 그러다 보면 아이는 근심하게 된다. 아이는 끊임없이 어른처럼 이해해야만 한다. 어른들이 어떻게 결정하는지 이해하다 보면 아이는 부담을 갖게 된다.

아이는 '큰', '작은', '성숙한', '미성숙'이라는 도식화된 대립에만 머물러서는 안 된다. 그렇게 되면 권리와 의무 사이의 균형은 무너져 내리고, 아이는 의무가 아니라 권리만을 얻어 전도되어 버린다. 옌스의 경우, 이 작은 두 살짜리 꼬마가 폭력적인 공격을 분출하였을 때, 부모가

"안돼" 했더라면 그리고 아이가 자신의 힘을 다른 방향으로 사용해야 하는 의무를 알고 있었더라면, 그 상황이 그리 악화되지는 않았을 것이다. 만일 옌스가 아이들을 때리는 자신의 공격성을 극복한다면, 옌스는 아직 드러나지 않은 자신의 공격성에 대해서도 방어할 수 있게 될 것이다. 말하자면 옌스는 어떻게 다른 아이들이 보호받는지, 그리고 어떻게 서로 만족스럽게 놀면서 지내는지 지켜보아야만 했다. 이 경우 옌스는 안정을 가져다주는 부모의 품에서 자신의 의무를 깨우쳐야 했다. 그러나 부모는 옌스에게 이러한 의무를 요구하지 않았다. 오히려 옌스가 자유에 대한 권리만 갖도록 해 주었다. 부모는 심지어 아이가 원하는 것을 다 해 주는 것이 자신들의 의무라고 여겼다. 그것은 먹는 것에서도 마찬가지였다. 많은 다른 작은 폭군들처럼 옌스는 야채를 먹지 않았고, 과일 중에도 잘 이긴 바나나와 사각형으로 다진 키위를 섞은 것만을 먹었다. 또 옌스가 원하는 것은 다 들어주었다. 다만 밤에 자꾸 거실로 나오려고 하면 가끔씩 자신의 침대로 쫓겨 가기는 했다. 부모는 옌스가 부모를 때리거나 치면서 날뛸 때 옌스에게 명확한 한계를 설정해 주어야 하는 가장 중요한 의무를 이행하지 못했다. 그들은 한 번도 부모로서의 가치를 변호할 권리를 갖지 못했다. 그래서 옌스는 점점 악동이 되어 가고 부모는 점점 더 희생자가 되어 간 것이다. 부모는 자신들의 원래 위치를 상실해 버렸다. 지평은 같아지고 아이는 부모처럼 큰 힘을 갖게 되었다.

달리 표현하면, 아이는 행동하고 부모는 반응했다. 아직 미성숙한 아이가 손에 각본을 쥐고 부모를 꼭두각시처럼 밀고 당기며 조정한 것이다. 아이는 자신의 마술적인 세계에서 자신이 마치 전능하고 독립적인 배후 조종자인 것처럼 느낀다. 그 결과가 지금까지 언급한 대로이다. 약하거나 조정이 가능하다고 느껴지는 부모에게서 아이는 보호받는다는 것을 느낄 수 없다. 아이는 안전하다고 느끼지 못하며, 자신의 행동모범을 배우기 위해 존경심을 가지고 부모를 바라보지 않는다. 아이는 자신의 성장에 필요한 가장 본질적이며 중요한 것을 얻지 못하게 된다. 아이는 먼저 아이여야 한다. 그래야 비로소 성장할 수 있다. 옌스 같은 경우, 자칫하면 아이로도 어른으로도 존재하지 못한다. 민감한 아이일수록 방향을 잃고 보호를 갈망하며 고통을 겪는다. 작은 폭군들은 대개 둔감하고 단호하게 다루어진 것이 아니라, 부모에 의해 불면 날아갈까 쥐면 터질까 하는 식으로 매우 섬세하게 다루어져 왔다는 사실을 알 수 있다. 작은 폭군들은 왜곡된 질서 아래서 강요당한다. 한 번은 약자로 자리 매김 당하고, 또 한 번은 터미네이터로서, 또 한 번은 왕자보다 더한 대접을 받는다. 부모는 아이가 힘든 상황을 해결하기 위해 무엇을 요구할지 관찰한다. 아이는 그 과정에서 부모의 권한을 넘겨받는다. 아이는 이 세상에서 자신 이외에는 다른 어떤 것도, 즉 자신의 당황하는 부모들을 지배하는 것 이외에는 그 어떤 것도 믿을 수가 없다. 아이와 부모가 연결된 줄들이 느슨하면 느슨할수록 아이는 더 세게 이 줄들을 밀고 당긴다. 부모가 명확하게 예와 아니오를 구분해 주지 않으면 아이는 그 혼재된 감정의 틈바구니에서 견딜 수 없는 상태가 되어 버린다. 부모의 이런 불명확하고 이중적인 대답은 손님이 올 때 다르고, 엄마가 부엌일에 열중할 때 다르며, 슈퍼마켓에서 물건을 살 때가 다르다. 말하자면 상황에 따라 늘 달라지는 것이다. 아이로서는 부모의 반응을 거의 예견할 수 없다. 부모의 어떤 행동에 대해서도 아이가 믿을 수 없는 것이다. 그것은 이것도 저것도 아닌 뭔가 분명치 않은 것이며 뭔가 파악할 수 없는 것이다. 신뢰를 발전시킬 분명한 어떤 선도, 어떤 가능성도 없다. 이런 상황에서 아이의 보호받고자 하는 욕구는 위협받는다. 아이는 불안해지고 신경질적이 되어 가며 점점 스트레스가 쌓여 간다. 성경말씀 그대로 아이에게는 그러한 것들이 악이 되어 버린다. (산상수훈에 따르면, "너희의 말은 예 할 것은 예 하고 아니오 할 것은 아니오 하라. 다른 모든 것은 악에서 나오는 것이다.") 이제 그런 상황에서 아이는 스스로 보호해야 한다. 쉽게 화를 내고 자신의 세계 속으로만 빠져드는 아이가 되어 자신의 은신처로 도피하거나, 자폐적이거나 강압적인 아이가 되어 누구에게나 우울하게 반응한다. 활동적이고 외향적인 아이들은 오히려 공격적이 된다. 그들은 공격을 통해 자신을 방어하고, 견딜 수 없이 모호한 상황과 상대방을 물리치기 위해 나름대로 해결방식을 동원하게 된다. 말하자면 그들은 예와 아니오 사이의 모호하고 파악할 수 없는 부유(浮游) 상태에 머물기보다는 차라리 그것을 파괴하고자 하는 것이다.

공격적인 아이는 대개 엄마의 분명한 반응을 잘 알고 있다. 그가 놀이터에서 다른 아이들을 때리거나 발로 차면, 엄마는 아이를 즉시 유모차에 앉히고 놀이터를 떠나 다른 엄마들의 시야를 피해 버린다. 모든 경우 엄마들은 책임을 전부 떠맡는다.

내 경험에 따르면, 이러한 관계의 혼란과 전도는 아이들의 점점 커가는 공격성을 위한 기반이 된다. 이러한 공격성은 아이가 텔레비전이나 나쁜 친구들의 영향을 받기 전에, 부모가 자신의 아이에게 과도한 자유를 허용하면서 발전한다. 아이들이 대개 그것을 통해 자유의지를 얻는 것이 아니라 해악만 배우게 된다는 사실을 부모들은 예감하지 못한다. 아이는 자신의 고유한 의지를 전개하기 전에, 먼저 자신이 안전하고 보호받는 존재라는 것을 체험해야만 한다. 이러한 체험이 부족한 오늘날의 많은 아이들은 부모를 업신여기고 부모를 존경하지 않는 어린 아이로밖에 달리 머물지 못한다. 왜냐하면 그런 상황만이 그 아이들에게 확신을 주기 때문이다.

아이들은 친숙한 가족관계에서 생겨나는 간격들을 어떻게 감당해야 하는가

인간의 영적인 안녕을 돌보는 창조 법칙은 준수되어야 한다. 특히 창조 법칙들 가운데도 규정된 합법칙성은 매우 중요하다. 가족 구성원들이 서로 지켜야 하는 각각의 위치에 대하여 심리학자들도 언급한다.

'Konstellation' 이라는 낱말은 라틴어 'cum' 과 'stella' 에서 파생한 것이다. 이 낱말들의 근원적인 의미는 태양계의 질서에 따라 서로 관련을 맺는 천체의 위치를 지칭하는 데 있다. 만일 별 하나가 추락해 검은 구멍이 생겨나면, 그 별은 자신의 어두운 혼란 속에서 아직 빛나는 다른 별들 속으로 침투해 들어간다. 가족 구성원의 비유에서도 마찬가지이다. 가족체계 역시 별들의 체계와 같은 창조모델이다. [우리에게 알려진 가장 오래된 자연 치료법 아유르베다(Ayurveda: 고대 인도 의학 — 편집자 주)에 따르면 다음과 같다. "인간의 몸과 같은 것이 천체이고, … 원자 같은 것이 또한 온 우주이다."]

이러한 근원적인 체계는 가족체계에서도 엄수해야 할 합법칙성이라 할 수 있다. 지켜지지 않는 체계 질서들 역시 모든 관계의 교란에 기인한다. 관계의 체계는 자연스럽게도 각각의 문화권에서 영위되는 상이한 생활양식을 통해 드러난다. 모권사회 내에서 남자와 여자의 위치는 부권사회와 다른 체계를 지니며, 나이든 사람들의 서열도 인디언 사회와 유럽 사회에서 다른 의미를 지닌다. 그러나 근본적인 질서는 모든 문화권에서 동일하며 고전 문헌에도 인상적으로 묘사되어 있다. 고대 그리스 비극에서는 자주 가족체계가 얽혀 나타난다. 비극의 출발점은 체계적인 법칙에 따라 적용되지 않고, 책임감도 없이 죄를 향해 자신의 항로를 진행하는 것에서 찾을 수 있다. 이것은 오늘날과 같다. 무고한 아이가 자신의 책임도 아닌데 비극적으로 폭군이 되는 것이다. (물론 지배욕의 성립에 체계의 전도가 항상 연루되는 것은 아니나 자주 그 원인을 제공한다). 오랜 병원(病原) 연구를 통해 드러난 임상 사례들과 연구 결과는 가족체계 내에서의 위치를 통해 아이가 가족의 희생물이 되는 경우를 보여 준다. 가족체계가 제대로 인식되고 새롭게 정립되어야만 비로소 아이는 자유로울 수 있다.

이런 체계의 몇몇 규칙을 언급하고 있는데, 나는 여기서 베르트 헬링거(Bert Hellinger)의 말을 인용하도록 하겠다.[30]

누가 가족체계에 속하는가

"우리는 부모님과 형제자매와 함께 가족이라는 공동 운명체를 형성한다. 또 가족으로서 한 혈족에 속한다. 가족이라는 울타리 안에서 부모의 두 혈족이 더 큰 혈족 체계로 결합하게 된다. 우리가 그 혈족을 다 파악하지는 못한다 하더라도 혈족은 우리에게 중요하다.

일반적으로 그 혈족이 살아 있든지 죽었든지 간에 다음과 같은 구성원들이 혈족에 속한다.

1. 아이와 그 형제들
2. 부모와 그들의 형제들
3. 조부모
4. 증고조
5. 다른 이들을 대신하여 체계 안에 자신의 자리를 확보한 구성원들, 예를 들면 부모나 조부모의 첫 남편이나 첫 부인(혹은 결혼 비슷한 상황, 별거나 이혼을 했을 경우도) 혹은 그 이전의 약혼자, 혈족의 누군가에게서 아이를 얻은 여자나 남자, 불행이나 이별 또는 죽음으로 인해 혈족 내 다른 이의 자리를 갖게 된 구성원들

가족의 자격

혈족에 속한 사람이면 누구나 같은 권리를 가지고 가족에 속하게 된다. 그리고 어느 누구도 그것을 거부할 수 없고 거부되어서도 안 된다.

어떤 사람이 그 체계에 들어가 "나는 너보다 이 체계에 속할 권리가 더 많다." 하고 말한다면, 그는 이 질서를 해치고 이 체계를 방해하는 자이다. 예를 들어, 누군가가 먼저 태어난 누이나 사산(死産)한 형제를 잊어버린다면, 누군가가 이전 결혼 파트너의 자리를 완전히 차지하고 나서 이전 결혼 파트너보다 더 많은 권리를 갖는다면, 그 사람은 질서를 위반하는 것이다. 어떤 사람에게 귀속의 권리가 있는데도 체계가 그 사람을 배제한다면, 그 체계에 주된 책임이 있다. 앞서 거론된 모든 사람들에게는 가족에 귀속될 권리가 있다.

가족서열의 법칙

존재는 시간을 통해 자격을 얻는다. 시간을 통해 서열을 얻고 시간을 통해 구조화된다. 먼저 체계에 들어 온 사람은 나중에 들어온 사람보다 앞선 서열이다. 성장하는 과정에도 서열이 관여한다. 그 서열은 순서에 따라 배열된다. 즉, 먼저 태어난 자가 먼저 배열되고 나중에 태어난 자는 나중에 배열된다. 이러한 배열 원칙을 나는 원서열이라고 부른다. 원서열에 따라 부모는 아이들보다 앞서고, 처음 태어난 아이가 그 다음에 태어난 아이보다 앞선다."

부모는 가족 중에 제일 첫 자리를 차지한다. 아이들은 그 다음 자리에 위치한다. 아이들이 세상에 태어난 시간적 순서가 가족체계 안에서 서열을 결정한다. 처음 태어난 아이는 형제자매들 사이에서 첫째 자리를 차지하고, 그 다음 태어난 아이는 둘째 자리 … 이렇게 배열된다. 그에 걸맞게 권리와 의무도 다르게 분배된다.

양자 입양의 경우, 아이에게는 생모가 첫째 자리를 차지한다. 입양 부모나 의붓어머니는 둘째자리이다. 이것은 생모가 죽었는지, 다른 나라에 사는지 혹은 다른 이유로 자신의 아이를 양육할 수 없는지 아닌지에 달려 있다. 이혼하거나 첫 남편이 죽은 후 재혼한 경우, 첫 남편은 둘째 남편보다 앞선 권리를 지닌다. 왜냐하면 아이의 아버지로서 아이 엄마와 관련되어 있기 때문이다. 첫번째 결혼에서 얻은 아이들은 두 번째 결혼 상대자나 두 번째 결혼에서 얻은 아이들보다 앞선 서열을 지닌다. (이것은 여성이 두 번 결혼했을 때도 역으로 해당된다).

그러나 '사랑의 질서'에 따라 살아가는 것은 쉽지 않다. 예를 들면, 상처 입은 사랑의 고통이 아직까지 영향을 미치며 균열을 남긴다면, 그 당사자는 '겸허함의 용기'를 받아들여야 한다. 이혼한 부모들은 아이들 사랑하는 것을 존중해야 한다. 나는 한 번 더 베르트 헬링거의 말을 인용해 본다.

"나중에 그 체계에 배속된 사람이 먼저 배속된 사람의 영역으로 섞여들면, 예를 들어 아들이 아버지의 죄를 속죄하거나 엄마의 배우자가 되려고 시도한다면, 아들은 자신에게 허락되지 않은 뭔가를 부당하게 차지하는 것이며, 그러한 월권으로 인해 파멸이나 몰락의 길로 들어서게 된다. 그런 것은 대개 사랑으로 인해 일어나므로 우리에게 죄로 인식되지 않는다. 그러나 예를 들어 누군가가 미치거나 자살을 감행하거나 범법자가 되는 등 나쁜 결말을 맞게 되면, 그러한 관계는 중요한 역할을 하게 된다."[31]

다른 누구도 가족 구성원들을 통해 생겨난 이러한 틈을 해악 없이 채울 수 없다. 그러므로 혈족에 대한 인식이 중요하다.

혈족의식은 조절을 해 준다

두 가지 양심이 있다. 그 두 양심은 각각 나름의 방식으로 영향력을 행사한다. 개인적인 양심은 감성에 관여하며, 쾌감과 불쾌감을 자각하게 하고 선과 악이 무엇인지 판단하며, '윤리적인 것'을 존중하여 인정해 주고 그에게 혈족 내에 좋은 자리를 마련해 준다. 한편 또 다른 양심은 그에게 죄가 있는지 판결하여 혈족 내에서 자리를 박탈한다. 여기에는 양육의 척도가 작용한다. 혈족을 토대로 한 양심은 완전히 다르게 작용한다. 그것은 개인 양심의 내면에서 작용한다. 그러나 그때그때마다 시대정신의 규범에서 독립적이다. 그것은 인간이 어떤 태도를 취하느냐에 따라 좌우되지 않는다. 상위의 심급으로서 혈족의 양심은 끊임없이 혈족의 체계 안에서 질서를 유지해 준다. 그것은 혈족 안으로 들어온 각자가 그 체계 내부에서 소속의 권리를 지닐 수 있도록 해 준다. 거기에는 자신들의 위치에 대한 권리를 얻어낸 선한 자들뿐만 아니라 내쫓겨진 국외자, 미움받는 자, 떠난 자와 제외당한 자 등도 모두 포함된다. 혈족을 기본으로 한 양심은 보상을 마련하고, 배척된 자들을 위해 그 틈을 메우거나 동일한 지평에 들어오게 될 후임자를 마련해 준다. 사람들은 혈족을 기본으로 한 양심의 영향력을 삼대, 사대에 걸쳐 확인할 수 있다. 그래서 다음 세대에 누군가가 같은 방법으로 이전 세대의 자살자를 따르기도 한다. 그는 자신을 이전 세대의 그 사람과 그리고 그의 운명과 동일시한다. 한 손자는 사기 때문에 축출당한 할아버지를 위하여 완벽한 시장(市長)이 되었다. 엄마가 쫓아낸 약한 아버지의 위치를 아들이 대신 받아들여 강한 아버지로서의 위치를 확보하기도 한다. 우리는 다른 사람을 위해 살게 되면서 우리 자신을 희생하게 된다. 그것은 영혼의 깊은 곳에서 작용하고 고통을 통해 비로소, 즉 체계 질서의 장애로 드러난 고통을 통해 자신에게도 적용된다. 그러고 나면 그는 자신이 원하든 원하지 않든 종종 자신의 과업을 대가로 치르고라도 자신의 체계적 임무를 채워야만 한다.

문제 있는 가족체계의 아이들

오늘날은 가족체계 질서에 문제가 있는 아이들을 많이 볼 수 있다. 그 아이들에게는 어떤 문제가 발생하는가?

독일어권에서는 세 쌍 중 한 쌍이 이혼하며 이혼율도 점점 더 증가하고 있다. 무엇보다도 현대인들은 가족간의 갈등을 해결할 수 있는 능력이 부족하다. 한 예로 한스의 경우를 볼 수 있다. 한스도 이미 그것을 그대로 따라하고 있다. 한스는 어린 시절 얌전하지 않았다. 그래서 경우에 따라서는 자신의 방에 갇혀 있거나 헛간으로 자주 쫓겨났다.

한스는 그곳에서 혼자 음악을 듣거나 울곤 했다. 이렇게 어린 시절을 보낸 한스는 결혼하고 난 후에도 아내와 갈등이 생길 때면 자신의 방이나 자신만의 공간으로 가서 스트레스를 풀기 위해 일에 몰두했다. 갈등이 있는 부부들은 대개 증오하며 서로 존중하지 않는다. 아이는 부모를 일심동체로 인식하지 않고 두 사람을 분리하여 받아들인다. 아이가 자신의 부모 중에 한 사람과 연대하는 경우, 다른 한 사람에 대해서는 죄의식을 지니게 된다. 아이는 그 사이에 놓여 어쩔 줄 모르는 상태가 되어 버린다. 그러면서 아이는 두 부모 중에 한 사람을 변호하거나 자신과 동일시하거나 스스로 아이이기를 포기하는 그런 힘든 짐을 자신에게 부과한다.

터미네이터 루카

상담 세미나에 참석한 한 엄마는 자신의 여덟 살 된 아들 루카에 대해 이미 스스로 진단을 내린 상태였다. 그녀는 루카를 작은 폭군이라고 했다. 루카는 책에 나와 있는 것처럼 엄마에게 무척 무례하며, 자신이 하자는 대로 즉시 안 하면 주먹질도 한다고 했다. 식사 때도 트집을 잡고 자신이 실패한 것도 모든 책임을 엄마에게 전가했으며, 또 두 살 어린 남동생 베른트를 상대로 싸움을 걸었다고 했다. 루카는 이미 아이 때부터 돌보기 어려웠다고 한다. 그것은 루카가 노이로제 증상을 보였기 때문이다. 루카는 매일 밤마다 살갗을 긁어 엄마가 밤을 새워 약을 바르게 만들었고 끊임없이 자신에게 봉사하도록 했다. 그녀의 남편은 그녀를 돕지 않았으며 그녀가 녹초가 되도록 내버려 두었다. 부부는 결혼 생활에 드리운 그림자를 더는 지울 수 없었고 결국 파경에 이르고 말았다.

엄마는 그 사이 새로운 결혼 상대자가 생겼고 아빠는 혼자 살았다. 아빠는 공동부양 의무가 있는데도 아이의 양육에 전혀 신경쓰지 않았다. 루카는 자신이 할 수 있는 한 어디에서든 엄마를 괴롭혔다. 나와 대화하는 동안에도 루카는 수없이 방해했다. 자신이 할 수 있는 모든 것들을 요구했다. 여러 번이나 그렇게 하지 못하게 했는데도 계속 엄마의 손가방을 열고 불안하게 이리저리 뛰어다니며 총 쏘는 시늉을 했다. 바로 터미네이터의 모습이었다! 루카가 결코 벗지 않으려는 차양 달린 모자는 전쟁터의 군인 헬멧을 연상하게 했다. 허리에는 권총이 든 허리띠를 차고 있었다. 그 총에는 군부대 스티커가 붙어 있었다. 자신의 가족도표[가족 내에서 누가 어떤 위치를 차지하고 있는지 배치해 보는 가족도표에 대해서는 "무엇을 할 것인가"(200페이지)를 참조] 를 배치해 보라고하자 예기치 않게도 그것들을 모으며 진지해졌다. 루카는 부모를 분명하게 떼어 놓았을 뿐만 아니라 멀찌감치 떨어뜨려 놓았다. 루카는 자신을 아빠 앞에다 그리고 동생을 엄마 앞에다 배치했고 그러면서 자신과 동생은 대결하는 구도로 배열했다. 엄마의 새 결혼 상대자는 가족 저 뒤쪽 완전히 구석으로 밀어 놓았다. 그는 루카에게는 중요하지 않은 주변인이었다! 첫눈에도 루카는 아빠 편이며 엄마를 투쟁대상으로 삼고 있다는 것을 알 수 있었다. 이 배열에 따르면 어린 동생이 아빠를 대신한다. 좋은 의미에서 엄마의 조력자이고 변호자이다. 부모는 단지 변호사를 통해 서로 의견을 주고받는 반면에, 이 두 형제는 부모와의 관계를 계속 유지하고 있는 것이다.

　루카에게 공격성이 언제 어떻게 생겨나게 되었는지 알아보았다. 원래 특별하던 루카의 성격이 결정적으로 작용했지만, 다른 한편으로는 아빠가 아이를 돌보는 데 제 역할을 하지 않아 이미 루카가 아기였을 당시 아빠의 자리를 빼앗겨 버렸다는 것을 알 수 있었다. 루카는 아기 때부터 부부 침대에서 아빠의 자리를 차지했고, 나중에도 아빠의 대역을 계속했다.

　대부분의 경우 약한 아빠들이 아이에게 결정적인 역할을 한다. 이러한 현상에 대해 충분한 분석까지는 해 보지 않는다 해도 왜 그토록 많은 남성들이 기계적인 것, 즉 다시 말해 생명력이 없는 것을 선호하는지 살펴보는 것은 필요한 듯 하다. 이러한 인식은 오늘날 남성들의 전형적인 상이 매우 여리고 약하다는 데서 비롯된다. 오늘날의 젊은 아빠들은 전쟁과 정치적 혼란을 야기한 자신의 아버지 세대들을 존경하지 않는다. 동시에 그들은 남성적 특성인 강함도 선호하지 않는다. 남성적 강함에는 긴급한 사안에 결정적으로 참여하여 관여한다는 의미의 공격력(Aggressionskraft)도 속한다. (공격성이라는 단어 ‘Aggression’은 라틴어 ‘aggredi’에서 유래한 말인데 aggredi는 파괴적 의미뿐만 아니라, 누군가와 관련을 맺고 누군가를 얻으려고 시도하는 의미에서는 긍정적 면도 지니고 있다.) 오늘날 많은 남성들에게는 이러한 힘이 부족하며, 그들은 결혼 관계뿐 아니라 아이들의 양육에서도 어떤 문제가 발생할 경우 해결할 힘을 발휘하지 못한다.

많은 남성들은 자신의 아버지와 같은 힘을 포기한다. 왜냐하면 원 (原)가족 구성상, 여러 가지 이유들 — 전후의 '아버지 없는' 사회, 가족계획 등 — 로 인하여 오래도록 어머니의 보살핌 안에 갇혀 마마보이로 성장했기 때문이다. 남성들은 소년이었을 때부터 남자의 입장에서 엄마의 처신을 따라 왔다. 아버지에 대한 상을 엄마에게서만 찾아야 했기 때문에 남성적 힘을 키워 나갈 수 없었다. 마치 여성들이 자신의 환상 속에서 왕자님을 꿈꾸듯이 소년들은 최고의 남성 이상형을 왕자로 생각했다. 소년들의 누이는 핵가족 체계 안에서 억압당했으며, 엄마에게서뿐만 아니라 무섭고 투쟁적이거나 민감한 독선자인 아빠에게도 소외당했다고 느꼈다. 누이들은 자주 아빠와 비밀스런 연대감을 갖기도 했다. 나중에 어른이 된 누이들은 강한 아버지와는 정반대인 부드럽고 약한 남성을 선택했는데, 아버지와 특히 밀접한 연대감을 지닌 여성들, 즉 근친상간에 대한 두려움으로 아버지와 완전히 친밀한 관계를 맺을 수 없었던 여성들은 자신의 아버지와 매우 유사한 남성을 고르기도 했다. 자신의 남편 역시 부드럽고 양보를 잘 하는 남성이어야만 했다. 오늘날의 여성들은 이상적 남성상을 지니고 있다. 여성들의 이상적인 남성상은 축구장이나 복싱장에서 흔히 들을 수 있는 바리톤 음성의 남성이나 억세게 거위의 넓적다리를 물어뜯는 그런 남성에서, 아이들과 어울려 놀아 주고 함께 간식을 먹는 부드러운 테너 음성의 남성 쪽으로 바뀌게 되었다. 부드러운 아버지가 강한 아들을 둔 경우, 그런 가정에서 균열의 조짐이 쉽게 나타난다. 한편 딸로서 가족에게서 배제된 채 엄마와 아들의 관계를 부러워하며 고통스럽게 바라만

보던 여성은 아들을 낳은 엄마가 되어 그 당시 자신이 받지 못했던 사랑을 아들에게 쏟는다. 자신이 속해 있던 원가족의 전형을 그대로 따라 반복한다. 그로 인해 아들은 그 엄마에게 있어 남편보다 더한 비중을 차지하게 된다. 그리고 부드러운 아빠는 힘이 부족하다. 아내에게서 자신의 첫째 자리를 찾고 아들을 자녀의 자리인 둘째 자리로 자리매김 할 수 있는 그런 힘이 아빠에게는 부족하다.

또 다른 영향력도 중요한 역할을 한다. 해방된 여성들에게는 오늘날 남성들만큼 충분히 강한 권리가 있다. 그러나 원가족 체계에 계속 연루되어 있는 여성들의 잘해 보려던 공동체적 노력은 엉망진창이 되어 버린다. 여성해방에 대한 인식은 머리에서 일어나지만, 가슴에는 불안과 분노와 증오가 자리하고 있다. 아들이 폭군으로 자라고 있기 때문이다. 아빠는 아이의 양육 문제에서 완전히 빠져 버리고, 엄마는 한번도 엄마로서 자신의 자리를 지키지 못하고 무기력하게 있을 뿐이다. 일이 왜 이렇게 안 풀리는가! 그러나 안 풀리는 운명을 탓하기에 앞서 근본적으로 살펴보아야 할 것은 화해하지 못하는 근원적 관계의 영향력이다. 자신의 부모에 대한 증오도 다시 되살아난다. 많은 여성들이 그런 절망적 상황 속에서 여성적 강함을 키워나가야 한다고 여긴다. 약한 여성이 남성보다 더 강하게 되는 가장 간단한 방법은 남자를 약하게 만드는 것이다. 실제로 여성에게 남성의 부드러운 방식이 더는 필요없게 되면 그런 여성은 남성을 영적으로 거세해 버린다. 그가 더는 구속력이 없는 사람으로 간주되지 않고, 그녀의 가장 가까운 동맹군으로서, 남자로서, 아이의 아버지로서 그녀와 결속력 있는 관계를 견지한다면, 그녀는 그의 남성적 원조를 필요로 할 것이다. 그녀는 혼자라고 느끼고 의연하게 혼자 책임지고 혼자 양육한다. 그녀는 그것을 잘 견뎌 낸다. 조직화된 사회체제 안에 안전장치가 있기 때문이다. 자신에게 필요하지만 부족한 도움을 얻기 위해 그녀는 혼자 아이를 키우는 다른 여성들과 연대한다. 그러나 이러한 도움도 위험을 내포하고 있다. 그녀는 남자가 쓸모없다는 생각에만 사로잡힌다. "아, 남자들은 책임져야 할 일 앞에서 도망가지요. 그들은 에고이스트입니다! 아이가 세상에 나오자마자 결혼 생활도 끝이 났어요. 아들과의 경쟁을 견디지 못했지요." 그녀는 여성적 방법을 이용해 그를 남성적으로 이끄는 대신 그와의 관계를 단절해 버린다. 많은 남성들이 오늘날 아빠 역할을 (남성적 입장에서, 행동적인 면에서, 보호자라는 의미에서) 하지 않는 상황이기 때문에, 그들은 쉽게 자신의 위치를 빼앗기거나 자신의 위치에서 쫓겨나게 된다. 그의 평판은 점점 더 나빠진다. 그는 적절한 시기에 생활비를 가져오지도 못하고, 아이가 주말에 공원이나 햄버거를 파는 패스트푸드 점에 가자고 졸라대면 끌려 다니며, 아이의 과도한 컴퓨터 오락도 제지하지 못하고, 결국 컴퓨터 오락에 빠진 아이는 점점 집중력이 떨어져 학교에서 낙제하게 된다. 그가 그녀와 함께 살든 이혼을 하든 상관없이 그는 아이의 양육을 부인에게 맡겨 버린다. 두 사람 중 누구도 사람들이 어떻게 의견 차이를 좁혀 타협을 이끌어 내는지 배우지 못했다. 그래서 양육은 점점 더 여성의 일로 간주되어 버린다(자녀 양육에 관한 강연회에서도 참석자의 4%만이 아버지들이다). 청소년을 담당하는 관청이나 이혼전담 판사들도 아빠들을 별로 신뢰하지 않는다. 아빠에게 적대적인 아들을 엄마가 혼자 양육하는 일은 어떤 경우에도 이롭지 못하다. 아들은 아빠의 입장에서 때리고 그와의 동일시를 통하여 아빠와 똑같은 이단자(국외자)가 되거나 아빠를 대신하게 된다. 아이는 엄마의 보호자로서의 아빠 역할을 흉내 낸다. 그렇게 해서 아이는 과도한 심리적 부담을 안게 되고 어린 아이인 자신에게서 멀어지게 된다. 루카와 그 동생의 이야기는 이 문제를 정확히 보여 준다.

가족체제의 개선이 없다면 루카는 아버지를 대신하여 엄마와 계속 싸울 것이다. 루카가 엄마, 동생, 청소년 관청의 무시를 계속 당하는 한, 루카는 폭력을 통해 엄마를 괴롭히고 자신의 동생과 또 다른 모든 사람들을 괴롭힐 수밖에 없다.

엄마를 괴롭히는 아이 막시

B부인의 네 살 된 아들 막시는 첫눈에도 부드러운 꼬마였다. 유치원에서도 모두 그렇게 알고 있었다. 막시는 누나에게도, 아빠와 조부모에게도, 특히 외할아버지에게 사랑스러운 아이였다. 순종적인 아이였고 공격적인 아이가 아니었다. 그런데 유독 엄마만이 공격의 표적이되었다. 거리에서는 천사이고 집에서는 악마로서 막시는 엄마만을 괴롭혔다. 막시는 엄마의 말을 듣지 않았으나 엄마는 막시의 말을 들어야만 했다. 그렇지 않으면 막시는 악마가 된다고 했다. 막시는 양탄자위에다 용변을 보고, 엄마가 아끼는 도자기 찻잔을 던지고, 엄마를 꼬집어서 피가 나게 했다. 엄마는 막시의 갑작스런 분노에 공포를 느꼈고, 막시에게 뭔가를 건네주기가 두려울 지경이었다. 엄마는 책에서

읽은 대로 막시를 안아 주려고 노력했으나, 막상 막시를 안아 '자신의 얼굴에 아이의 얼굴'을 대하게 되자 엄청난 공포감에 사로잡혔다. 엄마는 토하면서 막시를 내려놓았고 막시는 혼란한 상태가 되어 버렸다. 몇 가지 질문을 통해 막시의 엄마가 삶에서 처음으로 '얼굴과 얼굴, 가슴과 가슴'이 닿는 정면포옹을 한 거라는 사실을 알아낼 수 있었다. 그녀의 남편도 그동안 가까이 다가와 포옹하는 것에 대한 그녀의 공포를 존중해 주었다고 한다. 마침내 B부인의 공포에 대한 원인이 밝혀졌다. 그녀는 어렸을 때 아버지에게 여러 번 성적(性的) 유린을 당했다. 완벽한 성적 결합은 한 번도 없었다. 엄마에게는 엄격히 비밀로 해야 하는 애무만을 강요당했다. 그녀는 오늘날까지도 이러한 이유로 아버지를 증오했고, 동시에 끔찍한 죄의식을 지니고 있었다. 그렇기 때문에 그녀는 자신의 엄마도 사랑할 수 없었다. 어린 시절 이후로 그녀는 자신이 죽은 후에 지옥에서 벌을 받게 될 것이라고 믿고 있었다. 그러나 예기치 않게도 지옥이 그녀에게 너무 빨리 열렸다. 그녀가 간절히 원해 낳은 아들을 가슴에 안고 바라보았을 때 엄청난 공포를 느끼게 되었다. 아이가 외할아버지와 얼굴이 아주 많이 닮았기 때문이었다.

심리학적 해석은 큰 도움을 주지 못한다. 막시 엄마의 사례를 통해 문제는 그 이전 세대에서 이어져 내려온다는 것을 알 수 있다. B부인은 원만한 엄마로서 딸들은 잘 길러냈다. 그러나 막시를 대할 때만은 죄의식과 불안을 유발하는 자신의 아버지가 떠올라 불안정한 막시에게 굽실거렸다. 끔찍한 공포로 인해 막시의 요구를 다 들어주어야 했고 "안 된다"고 말하지 못했다. 그녀의 아들은 희생물이 되었고 체계적인 합법칙성 아래서 외할아버지를 재현하도록 강요당했다. 엄마는 자신을 성희롱한 아버지와 막시를 무의식적으로 동일시했다. 이런 까닭에 막시는 엄마에게 폭군적인 고통을 행사하는 대상이 되어 버렸다. 이런 세대간의 연루는 종종 아이들의 폭군적 지배에 대한 원인으로 작용한다. 아이를 끌어안아 주는 포옹에 대해 이 엄마는 심리적으로 큰 부담을 안고 있었다. 아이를 안아 그녀의 품에서 오래 머물게 하는지, 오래도록 아이와 스킨십을 하는지에 대해 묻자 이 엄마는 깜짝 놀라며 "그것은 아이에 대한 폭력입니다. 나는 그것을 한 번도 하지 않았어요. 나는 아이가 하는 대로 늘 내버려 두었지요." 하고 대답했다. 우리는 가족체계의 질서를 기반으로 근친상간이 있었을 경우, 배우자와의 관계에 장애가 생기고 여성들은 사랑하지 않는 남자와의 성적인 모험도 감행한다는 것을 알게 되었다. 이러한 특별한 상황들은 지금 세대부터 두 세대, 세 세대까지 거슬러 올라가며 자주 나타난다. 교회 안에서 규정한 결혼의 의무는 오늘날 별 효력이 없다. 자신의 부인이 거절한 육체적 사랑을 딸에게서 얻기 위해 많은 남성들이 자신의 딸들을 유린한다. 헬링거는 "근친상간에서는 항상 부모가 둘 다 관여한다. 물론 아버지가 앞에 서고 엄마는 그 뒤에 서 있다." 하고 지적한 바 있다. 이런 가족체계적 얽힘은 주로 딸과 관련이 있다. 딸은 보상물로 등장하여 엄마를 위해 이것을 행한다. 그녀의 비밀스런 제물은 매우 심한 죄의식과 연결되며 거기에 상응하는 병적인 보상을 불러일으킨다. 그래서 그러한 체험이 있는 많은 사람들이 정신질환을 앓거나, 허용되지 않은 성적 행위들을 하거나, 수도원에서 숨어 지내기도 한다. 결혼하여 아들을 낳은 경우 이들은 자신의 아들에게 굴종하게 된다.

그러나 항상 근친상간이 문제가 되는 것은 아니다. 딸이 아버지에 대한 엄청난 공포를 감지하면 증오로 아버지를 자신의 가슴에서 배제해 버린다. 또 지배적이고 부적절하고 예측할 수 없는 아버지와 엄마, 삼촌과 이모들도 모두 추방당한다. 그러한 것을 추적해 보기 위해 확실한 질문과 조언이 필요하다. "아이가 당신 혈족 가운데 누군가를 기억나게 하는지요?" 혹은 "당신은 불안을 가지고 있어요. 이런 상황이 계속된다면 당신의 아이도 그렇게 될 수 있어요." 하고 말해 주어야 한다. 그런 동일시가 인식된 후에야 비로소 어떤 부당한 상황이 어린 아이들에게 행사되었는지 파악할 수 있으며, 그런 동일시가 해체될 때만이 엄마가 아이에게 가졌던 내적인 강요나 불안에서 풀려날 수 있다.

장남 후베르트

부모는 마르티나 때문에 상담하기 위해 왔다. 마르티나는 열두 살로 매우 불손하다고 했다. 확실히 우리가 보기에도 마르티나는 사춘기의 극단적 위기를 느끼고 있었다. 진단 결과 마르티나의 이런 위기는 이미 5년 동안 지속되었고, 사춘기 때문이 아니라 외동이로 자라다가 뒤늦게 남동생을 보게 된 상황에서 비롯되었다는 사실이 밝혀졌다. 마르티나는 아홉 살 때까지 아무런 부족함이 없는 외동딸이었다. 마르티나는 모든 사람들에게 사랑받았으나 자신에게 설정된 한계들도 받아들일 수 있었다. 마르티나는 자신의 부모만큼이나 열렬히 그리고 진심으로 남동생 갖기를 원했다. 그러나 남동생이 태어나자마자 상황은 바뀌었다. 산소 부족이라는 예기치 않은 상황에서 빚어진 드라마와도 같은 출산 시점부터 겁먹은 엄마는 단지 아이를 위해서만 존재했다. 마르티나는 아기를 절대 건드려서는 안 되었다. 후베르트는 위험한 상황을 잘 넘기고 세상에 태어났다. 그러나 자신이 원하는 것이 이루어질 때만 얌전하고, 그렇지 않으면 파랗게 질려 호흡곤란에 빠질 때까지 울부짖었다. 후베르트는 누나인 마르티나에게도 엄마처럼 자신이 원하는 대로 해 줄 것을 요구했다. 그래서 마르티나는 모든 것을 포기해야만 했다. 그리고 경쟁에서도 항상 후베르트가 이기도록 해 주어야 했다. 마르티나는 단지 아빠에게만 불평을 말할 수 있었다. 아빠만이 마르티나의 말을 들어 주었다. 그러나 아빠가 마르티나를 변호하려고 할 때조차도 매번 가족생활에 잡음이 일었다. 유치원에서 후베르트는 전권적이고 자기중심적인 행동으로 눈길을 끌었다. 특히 중요한 것은 후베르트의 공격성에 대한 불만이었다. 자신을 좋아하지 않는 누이에 대한 후베르트의 공격은 더 심해져만 갔다. "그러나 후베르트는 마르티나를 사랑하려고 했어요. 책임은 마르티나에게 있어요. 마르티나가 후베르트를 저렇게 만들었어요. 후베르트는 마르티나가 자신을 위해 뭔가를 하게 하려고 오래도록 괴롭혀야만 했으니까요." 하고 엄마가 말했다. 대화에 참석하고 있던 마르티나는 화가 나서 자신의 열쇠꾸러미를 탁자 위로 던졌다. 그리고 소리 질렀다. "이제 저도 할 만큼 했어요." 그러고는 방 밖으로 뛰어나갔다. "이제 아시겠지요. 이런 것 때문에 제가 마르티나를 걱정한답니다." 하고 엄마가 말했다. 이 경우 문제는 마르티나가 아니라 작은 폭군 후베르트라는 것을 부모가 인식할 때까지 무척이나 오랜 시간이 걸렸다.

가족체계의 질서에 따르면 형제의 서열은, 성이나 돌보아야 하는 필요성에 상관없이, 태어난 시간적 서열이 결정적인 역할을 한다. 처음으로 태어난 자녀는 첫 자리에 대한 권리를 갖는다. 둘째로 태어난 아이에게는 둘째 자리에 대한 권리가 있다. 첫째 아이에게는 더 많은 의무가 있다. 그러나 더 많은 권리도 있다. 둘째에게는 그렇게 많은 의무가 있지 않다. 그리고 권리도 덜 갖게 된다.

마르티나와 후베르트에게 있어 문제는 형제 서열의 질서가 뒤바뀌었다는 점에 있다. 첫째인 마르티나는 자신의 우위적인 자리를 완전히 남동생에게 넘겨주었다. 마르티나에게는 의무만이 남고 권리는 어린 동생에게 넘어간 것이다. 후베르트는 어린데도 모든 권리가 있었다. 그리고 나이가 더 많은 마르티나는 후베르트에게 종속되어야 했다. 그것에 반해 후베르트는 어떤 작은 의무도 받아들이지 않았다. 예를 들면, 후베르트의 의무는 자신이 떨어뜨린 물건을 자신이 주어 올리는 정도의 것이었다. 아니면 유치원에서 의자에 앉아 이리저리 움직이지 않는 정도였다. 후베르트는 그런 작은 의무들도 행하지 않았다. 그리하여 형제들 사이에 그리고 부모와 자녀 사이에 주고받는 권리와 의무의 평형성에 혼란이 오기 시작했다. 마르티나는 후베르트가 태어난 이후로 모든 것을 주어야만 했다. 그러나 후베르트에게서는 어떤 것도 얻을 수가 없었다. 후베르트가 스스로 이런 균형을 이룰 수 없는 상황에 처할 경우에는 부모들이 마르티나에게 남동생의 청을 들어주도록 강요했다. 마르티나에게 이러한 상황은 부당하게 받아들여졌다. 후베르트는 단지 받기만 했고 또 받는 것을 당연한 것으로 여겼다. 유치원에서도 역시 그렇게 하려고 했다. 후베르트는 자신도 보상을 해야만 한다는 것을 배우지 못했다. 적어도 공동체에 적응하여 다른 또래들과 놀 때 한 번은 이길 수도 있고 질 수도 있다는 것을 배우지 못했다.

서열의 균형이 깨지면 그 누구도 참을 수 없다. 마르티나의 이런 상황은 자신이 원하는 것을 얻기 위한 쪽으로 몰고 갔다. 가장 가까운 길은 아빠였다. 엄마에게서 거절당한 사랑을 회복해 줄 수 있는 아빠 말이다. 그런데 이런 상황은 위험한 상황으로 발전할 수도 있다. 근친상간의 경계가 쉽게 무너질 수 있기 때문이다. 또 마르티나가 이런 위험을 피해 사랑을 다른 데서 얻으려고 집 밖으로 뛰쳐나가게 되는 경우도 발생할 수 있다. 그리고 무엇보다도 가장 개연성이 높은 것은 마르티나가 엄마가 되었을 때 그녀 역시 엄마의 행동을 반복하게 될 수 있다는 점이다. 즉, 자신이 받은 것을 고스란히 자신의 아들에게 넘기게 되는 것이다. 물론 당연히 후베르트가 이 이야기의 희생자가 아니냐는 질문이 나올 수 있다. 왜냐하면 후베르트는 모든 것을 받기만 했기 때문이다. 그것은 분명히 맞는 말이다. 이 작은 폭군은 끝없이 받은 것에 대한 대가로 함께 사는 사람들을 사랑하지 못하는 그런 아픈 고통을 겪어야 했기 때문이다.

카인과 아벨의 이야기가 우리에게 보여 주듯이, 형제의 서열에 있어 운명적 장애는 늘 있다. 차라리 형제들이 많으면 많을수록 이런 얽힘을 피할 가능성이 더 많다. 오늘날처럼 아이가 하나 아니면 둘인 핵가족 형태에서 문제가 더 많이 발생한다. 그러므로 가족 내 체계의 배열은 매우 중요하다. 그렇지 않은 경우 아이들에게 잘못된 자기의식이 생겨나기 때문이다.

입양아 케빈

"케빈은 원래 사랑스런 소년이었지요." 입양한 부모가 말했다. "그런데 케빈은 축제나 소풍을 가서 친척들과 이웃 사람들을 마주치게 되면 매우 당황했어요. 케빈은 우리가 모두 바보이며 자신은 재미가 없다고 소리를 질렀지요. 축제 때마다 매번 케빈은 우리를 망쳐 놓았어요. 우리는 이미 모든 것을 다 시도해 보았어요. 그러나 아무것도 도움이 되지 않았어요. 우리는 행동장애 제거를 위한 심리요법 치료를 받으면서, 케빈이 5분 동안 얌전하게 있으면 그에게 칩을 주기로 약속했어요. 그리고 칩 다섯 개를 모으면 케빈이 그렇게 갖고 싶어 하는 플레이모빌을 사주기로 했지요. 그리고는 케빈을 꼭 안아 주었어요. 그렇게 함으로써 케빈이 자신의 불평을 가라앉히고 우리의 상처 입은 기분을 함께 느낄 수 있기를 바랐기 때문이지요. 그때 케빈은 우리를 보고 웃었어요. 케빈은 어떤 내면의 강요를 느낄 때나 축제 때마다 마치 테러리스트인 양 자신을 세상에 표출했어요. 고통스럽게, 고통스럽게요! 우리는 교육자 부모로서 웃음거리가 되었지요."

케빈이 가족도표를 배치했을 때, 우리는 케빈과 생모의 심리적 결합 상태를 금방 알아볼 수 있었다. 그러나 그에 반해 입양부모와는 거리가 있었다. "우리는 케빈의 생모를 비밀로 하지 않았어요. 케빈은 네 살이 될 때까지 생모 곁에서 지냈지요. 우리는 생모에 대해 나쁘게는 이야기 하지 않았어요." "그럼 생모에 대해 좋게 이야기했나요?" 내가 다시 물었다. "양육권을 생모가 가져가려 했는데 우리가 좋게 이야기했겠어요?" 케빈은 자신의 엄마가 입양부모에게 비난받고 있다는 것을 알고 있었다. 그렇기 때문에 입양부모에게 고마워할 수 없었다. 입양부모들이 케빈을 외동아들로서 공개적으로 추켜세울 때마다, 케빈은 마음 깊은 곳에서 자신의 생모를 비호하고 있었고 그에 반해 입양부모를 늘 가치절하하고 있었다.

모든 입양아들에게는 생모를 존중하게 하는 것이 중요하다. 가족체계의 합법칙성에서도 입양의 지평이 예전과는 많이 달라졌으므로 더욱 그러하다. 독일의 경우 피임으로 인해 입양할 수 있는 아이들의 숫자가 점점 줄어들고 있다. 그렇기 때문에 제3세계에서 다른 나라 아이들을 주로 입양한다. 그들이 헤어진 부모와 입양한 부모를 비교하고, 폭군적인 '검은 왕'이나 '인디언의 추장'이 되어 버리면, 그들 자신도 입양부모도 서로 호감을 가질 수 없다. 그러나 자신의 생모나 형제를 마음속에 잘 지니고 있으면, 그들이 스리랑카에 떨어져 살든 사라예보에서 죽었든 취리히의 마약조직에서 활동하든 상관없이 입양아는 순조롭게 자라날 수 있다.

어떻게 지배가 중독으로 발전하는가

이미 목표가 설정된 행동들의 초기 단계에 자신의 영향력을 체험하는 것은 인간의 건강한 발달과정에 속한다는 것을 다시한번 강조하고 싶다. 아이가 현실에서 자신의 힘을 사용하여 지배를 체험하면 할수록 — 이러한 현실에는 힘을 행사하는 한계의 인식도 속한다 — 자아정체성 그리고 강자와 약자에 대한 평가, 다른 사람에 대한 평가와 그들에 대한 존중 그리고 자신과 다른 사람들에 대한 진실한 사랑 등을 더욱더 많이 체험하며 성장하게 된다.

'가능한 힘'에 대한 체험들은 아이에게 각인되고 올바르지 않은 감정들을 전달한다. 힘은 좋을 수 있다. 그러나 강제로 힘에 구속되는 것은 좋지 않다. 자신의 전능한 힘을 행사하면서 아이는 자신이 엄마보다 강하다는 느낌을 갖게 된다. 물론 그러한 감정이 나쁜 것만은 아니며, 살아가는 과정에서 여러 번 찾아오기도 한다. 가장 이른 시기로 반항기에 찾아오고 가장 늦은 시기로는 사춘기에 찾아온다. 생각이나 행동이 자신보다 앞선 부모 세대들보다 더 잘 할 수 있다는 생각이 드는 시기에 인간은 성장한다. 아이는 그런 생각을 가지고 지나치게 요구한다. 그러면서 아이는 엄마나 약자보다 강자로서 힘을 발휘하는 체험을 하게 된다.

보호받고자 하는 아이의 기본 욕구가 즉각적인 해결을 요구하는 발달단계와 맞물려 이러한 인식은 더 효력을 발휘한다. 아이가 약한 엄마나 유연한 엄마에게서 더 이상 보호받는다고 느끼지 못할 때, 그 결과는 즉시 나타난다. 자신이 보호받지 못한다는 상실감 때문에 아이의 불안은 더욱 커져만 간다. 이러한 불안을 피하려면 대리만족이 필요하다는 것을 아이는 본능적으로 느낀다. 지금 가장 확실하게 드러낼 수 있는, 기대를 채워줄 수 있는, 적어도 '기능을 발휘할 수 있는' 체험은 아이가 다른 세계를 지배하는 힘을 행사하게 만든다. 아이는 이러한 체험을 통해 대체물을 찾아낸다. 불안한 아이는 힘으로 세상을 지배하면서 세상에 맞서게 된다. 말하자면 혼란에 대한 방어체제인 것이다.

만족할 수 없는 기본 욕구에 대한 대체물로서 힘을 설정하는 것은 지배욕에 쉽게 종속되는 위험한 전제이다. 대체물로는 결코 기본 욕구를 채울 수 없다. 이런 불만족스러운 포만감은 다시 다음 대리만족을 찾게 만든다. 대리만족은 지배의 형태로 다시 사용되며 결국 스스로 종속당하고 만다.

힘이 좌절되면 아이는 자신의 안전이 위협당하는 것으로 인식한다. 이러한 감정적인 체험은 상호 밀접한 의존 관계를 통해 협력한다. 왜냐하면 아이는 자신에게 필요한 보호를 힘으로 보충하기 때문이다. 단지 세상을 지배할 때만 아이는 자신이 안전하다고 느낀다. 그 반대 체험, 다시 말해 낯선 의지에 대한 적응은 그 결과로 아이에게 실존적인 위협과 맞먹는 토대의 상실을 안겨 준다. 지배는 임의적으로 생겨나는 것이 아니라 아이가 자신을 보존하려는 필연적인 행위이다.

강요된 적응에 대한 지배욕의 영향력

힘의 역학관계에 대한 끊임없는 검증과 지배할 수 없는 영향력에 대한 자기방어로 인해 아이는 지속적인 불안에 빠져들게 되며 결국 자신을 단념할 수 없게 된다. 아이는 상황이 자신의 제국에 여전히 맞는지 맞지 않는지, 원하지 않는 음식을 강제로 입에 밀어 넣는지 아닌지, 요람의 템포가 유지되는지 아닌지, 아빠가 텔레비전 리모콘의 우선권을 갖는지 아닌지, 엄마가 자신이 원하는 자리에 앉는지 아닌지 등을 계속 검증해야만 한다. 지속적인 지배, 통제, 요구, 강요, 자신이 잘 해 내지 못하는 것에 대한 학습의 거부, 이러한 모든 것이 아이에게 스트레스를 준다. 아이는 그 스트레스 속에서 불안과 정신적인 긴장감, 과잉행동과 통제불능 상태에 빠져들게 된다. 이러한 스트레스 상태는 악순환을 유발한다. 아이가 스트레스를 많이 받고 불안하면 불안할수록 더 많은 대체물을 찾게 된다.

　이러한 총체적 난국의 핵심은 적응을 강요당하는 데서 기인한다. 사랑으로 가득 찬 둥지의 보호 안에서 자연스런 적응이 온몸에 배지 않으면, 아이는 서서히 자라나는 자기도취적 요구들과 자아의식을 드러내면서 모욕적이고 부당한 언행을 일삼으며, 끊임없이 요구하고 거부하고 반항한다. 그리하여 아이는 적응을 낯설고 위험하고 방어해야 하는 어떤 상황으로 인식해 버린다.

　아이는 자신의 소망과 불안 사이에서 고통스러워하며 자신의 희망을 채워 주는 것들을 얻기 위해 적응해 나간다. 거기서부터 내적인 균열이 일어나기 시작한다. 아이는 사랑에 대한 욕구가 있지만 엄마에게는 부드러운 애정을 느낄 수 없다. 아빠와의 관계도 멀어지지만 관계를 단절할 수는 없다. 아이가 아빠를 지배해야 하기 때문이다. 아이는 한번 자신의 욕구가 채워지면 다른 새로운 것을 먹어 보려고 시도한다. 그러나 부모가 제공하는 음식에는 적응하려 하지 않는다. 아이는 자신이 원하는 것을 주지 않으면 차라리 굶어 버린다. 보호에 대한 욕구가 먹을 것을 찾는 생존차원의 기본 욕구보다 우선한다는 사실이 여기서 다시 한번 분명해진다. 세 살 반인 알렉산드리아는 잊을 수 없는 인상을 남겨 주었다. 그 아이는 근육긴장의 저하와 임상치료의 거부로 인해 행동치료 부속연구소로 오게 되었다. 알렉산드리아는 '먹는 것'으로 속을 썩였다. 알렉산드리아는 석 달 동안 치료에 임하는 오후와 저녁에 제공되는 음식을 매번 거부했다. 그리고는 굶었다. 밤에는 너무 배가 고픈 나머지 초점 없는 시선으로 냉장고에서 식초에 절인 오이를 꺼내 먹었다.

이러한 알렉산드리아의 집요한 거부는 많은 다른 아이들의 일상마저 방해하고 위협하는 상황으로 몰고 갔다. 다른 아이들까지도 매번 정해진 약이든, 주사든, 식이요법이든, 절대안정이든 의사의 지시를 거부했다. 당뇨병에 걸린 열 살짜리 밥은 의사의 지시를 따랐더라면 수명을 연장할 수도 있었을 것이다. 의사나 부모의 간청도 알렉산드리아를 설득할 수 없었다.

지배욕을 보이는 아이들에게는 그러한 자기거부 경향도 있다. 나는 한 남성을 알고 있다. 그는 직업이 있는 자기 부인이 사회에서 자기실현을 해 나가는 현실을 받아들이지 못했다. 그는 아내를 사랑하지만 그녀에게 남편인 자신과 일 가운데 하나를 택하라고 강요했다. 부인이 일을 택하자 이혼하겠다는 결정을 취소할 수도 없이 깊은 고독과 스트레스에 빠져 버렸다. 그는 이혼을 중재하려는 친척들과 친구들의 모든 시도에 대해 무력감을 드러내며 극도의 공포로 반응했다. 편집증 증상을 보이더니 술도 마시기 시작했다.

모든 것을 결정하려는 전권에 대한 욕구는 그로 하여금 모든 것을 잃게 만들었다.

지배적인 아이는 노는 것을 좋아하고 스스로 노는 방법도 간구한다. 아이는 다른 아이들과 노는 것을 포기한다. 다른 아이들과 어울려 노는 것에 적응할 수 없고 기다리지도 못한다. 또 구심점이 되고자 하는 욕구도 포기할 수 없고 어떤 경우에도 지려고 하지 않는다.

필연적으로 적응을 요구하는 것들, 즉 학교에서 배우는 것이나 일상에서 다른 놀이규칙을 배우는 것들을 모두 거부한다. 아이는 스스로 자신이 만든 '규칙프로그램'을 고수해야 하기 때문이다. 그 아이는 자신에게 주어지는 어려움의 타협을 권력의 박탈로 받아들인다. 그러한 타협을 통해 사람은 많은 것을 배운다. 그런데 이런 배움을 스스로 강력하게 거부하여 결국 정신적 장애아로 여겨지는 아이들이 있다.

모든 적응은 상실과 동일시된다. 그리고 아이는 모든 상실을 대리만족의 박탈로 받아들인다. 원하는 것이 금지된 아이는 중독 상태에 빠져든다. 극단의 공포와 더불어 불안에 대항하는 심한 스트레스와 난폭함으로 인해 금단현상을 드러낸다.

아이는 자신이 적응에 대항하여 공격으로 방어할 수 없다는 사실을 불행으로 받아들인다. 지배적인 아이들은 아이에게 문제해결을 감행할 힘과 용기를 주는 기회를 포기해 버리고 만다. 분노에 차 저항하면서 아이는 화보다도 더 심한 분노에 갇힌다. 이러한 분노 안에서 자폐증의 위험이 발생한다. 일반적으로 화는 반항기에 처음 나타난다. 분노와 화는 질적인 차이가 있다. 알렉산더 로웬(Alexander Lowen)의 말을 인용해 보겠다. "분노가 표출될 때 화의 가장 강한 부분이 함께 표출된다. 그러나 이 두 가지 표출이 동일하지는 않다. 분노는 비이성적인 특성을 지닌다. '격노한다'라는 표현도 여기에 해당한다. 화는 대립 안에서 드러내는 집약적 반응이다. 그것은 당사자들 사이에 서로 대항하는 힘의 제거를 목표로 한다. 힘이 제거되거나 근절당하면 화가 난다. 분노는 도발만으로 그치지 않는다. 분노는 과도한 것이다. 도발이 제거되어도 분노는 중단되지 않고 고갈될 때까지 계속 간다. 분노는 구성적이 아니라 파괴적이다."[32]

부모가 모든 것을 양보하기 때문에 아이는 분노를 제대로 체험할 수 없다. 아이는 타협할 능력도 없다. 대립 상태에서 감정적인 분노를 체험하거나 이성적인 해결의 제안에 적응할 기회를 얻지 못하기 때문이다. 타협은 아이에게 견딜 수 없는 항복을 의미한다. 아이에게 중간이란 없다.

아이가 자신을 주장하기 원하는 긴장 영역은 일상의 요구들 사이에서 한편으로는 완전한 변화나 필연적 적응이고, 다른 한편으로는 아이가 스스로 안전망을 구축하려는 보호 체제에 대한 완강한 고집이다. 가장 활기찬 에너지가 세상에 대해 투쟁하느라 모두 소모된다. 아이는 자기가치를 확인하기 위해 '엄청난 스트레스'를 받는다. 아이는 "외부의 위협에서 자신을 방어하고, 자신의 힘을 드러내고 그 효력의 가치를 지키고 관철하기 위해 안전망을 구축한다. 이러한 자기보호 체제는 인간을 자기 자신에게만 집중시킨다. 그는 공동생활의 요구를 거부하고 현실과 거리가 있는 자신의 고유한 논리만을 따른다."[33]

고유한 힘과 세상의 힘도 현실적으로 평가받지 못하기 때문에, 자아는 생활의 요구들을 제시할 수 없고 측정할 수도 없으며 자기 의견을 주장할 수도 없다. 이러한 긴장 영역에서 중용이 형성된다. 그러나 보호받지 못한다고 느끼는 아이에게는 그렇지 않다.

보호를 상실했기 때문에 이 긴장 영역에서 불안이 야기되고 불안은 안정과 내적인 화해를 요구한다.

아이가 그 긴장 영역을 견뎌 내는지 아닌지, 그것과 화해하는지 아닌지, 화에 대해 방어로 반응하는지 아니면 장애를 보이며 긴장 영역에 반응하는지 하는 점들은 아이의 영적이고 정신적인 능력 그리고 그때마다의 발달단계에서 취하게 되는 실행능력 가능성과 세상의 반응에 달려 있다. 방어시스템이 믿을 만하고 결과도 좋아 자신을 지킬수록 아이는 그것을 더 빨리 배우고 이전보다 점점 더 견고해진다.

이러한 방어시스템은 수많은 변화와 조합을 통해 다양한 양상으로 전개된다.

- 내성적이고 불안에 사로잡힌 한 아이는 자신의 지배적 요구를 오히려 엄마에게 분출한다. 그 아이는 엄마와 함께 지속되는 공생적 융화 관계를 맺는다.
- 내성적이고 불안을 잘 느끼면서 지능이 부족한 아이는 학습을 거부하게 되고 정신적으로 퇴행하여 경우에 따라서는 자폐증으로 발전하게 된다.
- 내성적이고 불안을 잘 느끼면서 지능이 좋은 아이는 새로운 상황과의 대결에서 신경질적인 불안감을 드러내고, 잠재적인 자신의 보호자를 자신의 불안 속으로 끌어들이려고 한다.(불안노이로제 혹은 히스테리성 노이로제 경향)
- 외향적이고 활동적인 기질은 아이가 자신의 지배력을 전 세계로 확장하게 한다. 어떤 아이는 그것을 다른 사람들에게 매력으로 인식시키고, 또 다른 어떤 아이는 사납게 육체적 공격을 하기 시작한다. 공격하는 아이들은 '악의 길'로 점점 더 빠져

들게 된다. 그들은 자신의 파괴적 행동을 통해 가장 확실하게 세계에 대한 반응을 풀어낸다.

'나는 선생님이 나를 내쫓으려는 것을 알고 있다.'고 생각하면서 순간 자기 자신이 자신을 보호해야 한다는 생각을 하게 된다(반사회적 성격장애 성향).[34]

- 지적이며 언어능력이 있는 아이들은 자기 스스로 설정한 규약을 이용하여 상대방을 조작하기 위해 자신의 지식과 권리 그리고 다른 사람의 책임 범위를 설정한다('헬퍼신드롬' 성향).

- 관철력(貫徹力)이 떨어지고 몸이 아픈 아이는 병을 활용한다. 그는 세상을 자신의 기대에 맞게 만들기 위해 호흡곤란을 동반하는 기관지염, 발작성 어지럼증 등으로 시위한다(심신상관관계 성향).

'공생관계의 구축', 조작, 거부, 바보 역할, 병, 신체적 폭력, 약점의 과시, 책임 전가, 애교, 무조건적 도움 등 방어시스템의 테두리 안에서 힘을 실행하는 방식은 매우 다양할 수 있다.

인격발달에 미치는 지배욕의 영향력

〈도표 3〉은 차단이 전체 인격을 마비로 몰아넣을 수 있다는 것을 보여 준다. 여기에는 감정, 정서적 체험과 마찬가지로 사회적 태도, 사고

과정 등도 모두 관련되어 있다.

지능, 관철능력 등과 같은 개별적 소질 외에도, 가해의 정도에서는 권력 탈취의 시기에 아이가 현실에 대해 어느 정도 이해하고 있었는지가 중요하게 작용한다.

그것은 폭탄이 길의 어떤 분기점 앞에서 갑자기 폭발하는 것과 같다.

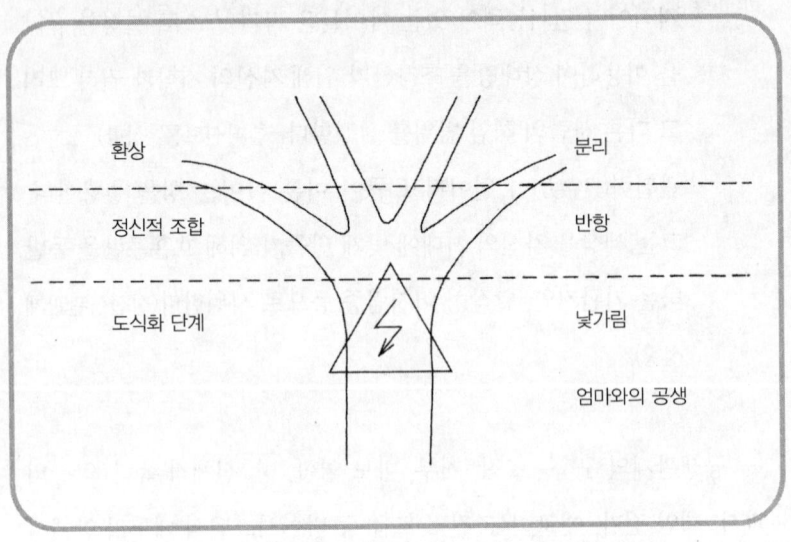

환상   분리

정신적 조합   반항

도식화 단계   낯가림

엄마와의 공생

〈도표 5〉 차단 준비와 능력

안 좋은 상황은 여러 방향으로 확장된다. 진입해 들어 온 차들은 목적지 앞에서 정체한다. 그것들은 더 갈 수가 없다.

아이는 엄마와의 공생적 관계를 고집하며 머물지만, 이런 경우 아이가 엄마에 의해 움직이는 것이 아니라 엄마가 아이에 의해 움직이게 된다. 아이는 더 이상 보이지는 않지만 현존하는 탯줄로 엄마를 잡아

끌며 자신을 구축한다. 낯가림을 앞둔 시기, 그 분기점을 앞두고 혼란이 일어나면 아이는 동요한다. 낯가림과 관련하여 아이는 거리감과 엄마의 대체행위를 기다리는 것 등을 배우게 된다('엄마가 나한테 젖을 줄까, 아니면 그냥 울게 놔둘까?' '엄마가 나를 안아 줄까, 아니면 그냥 울게 놔둘까?' 하는 것을 판단한다). 반항기에 와서도 여전히 낯가림의 시기가 관여할 수 있다. 아이가 엄마와 밀접하게 연결되면 연결될수록 아이는 엄마를 그리워하고 다른 사람들을 더욱 낯설어한다. 또는 그 반대의 경우가 된다. 그림으로 표현하자면 목적지까지 갈 수 있는 연료도 없이 교통의 중심지에 서서 길을 막아 버리는 차량에 비유할 수 있다.

여하튼 해당 단계의 보호조치들은 아이의 사고에 영향을 미친다. 그런 보호조치들은 지배적이고 미리 도식화가 가능한 도식들을 뒷받침해 준다. 지능에 따라서는 종종 기계적인 사고(思考)가 발전한다. (남자들이 특히 재능을 보이는 직선적 사고와 약한 저항력 등이 지배욕과 연관이 있는지의 여부에 대한 질문이 남아 있다.) 자유롭고 대리물로도 즐거울 수 있는 정신적 조화는 '분기점'에서 멈추어 버린다. 그러한 정신적 조화는 사회성과 타협성의 근간이 되는 것이다. 사고가 서툴수록 아이는 도식화된 단순한 양식을 그대로 따른다. 특정한 원인은 특정한 영향력을 지닌다. 예를 들면, 아이는 텔레비전 버튼을 누를 때마다 엄마의 꾸지람을 듣게 된다. 지능이 낮고 경우에 따라 감각장애나 언어장애가 있는 아이의 경우 정신적인 조합능력은 보이지만 퇴행현상 — 고공으로 비행하던 비행기의 비행 금지와 같은 — 을 겪기도 한다. 아이는 자신의 안전 보호망이 상실되었다고 판단되면 충격을 받는다.

위기를 알리는 경보단계에서 아이의 구체적인 사고가 어떻게 형성되느냐에 따라 아이와 현실의 관계도 결정된다. 외부 세계에서의 관계가 현실적으로 파악되었는데도, 자기 자신을 평가하고 다른 사람들의 가치를 평가하는 것은 현실과 다르다. 도식화 사고의 단계에서 설정되어 구체적인 정신적 조합의 단계를 넘어서는 환상이 심해지면 현실을 파악하지 않고 현실과 거리를 두며 심리적 사고만 하게 된다. 아이는 모든 사람들이 두려워하는 람보가 되리라고 정말 믿고 있다.

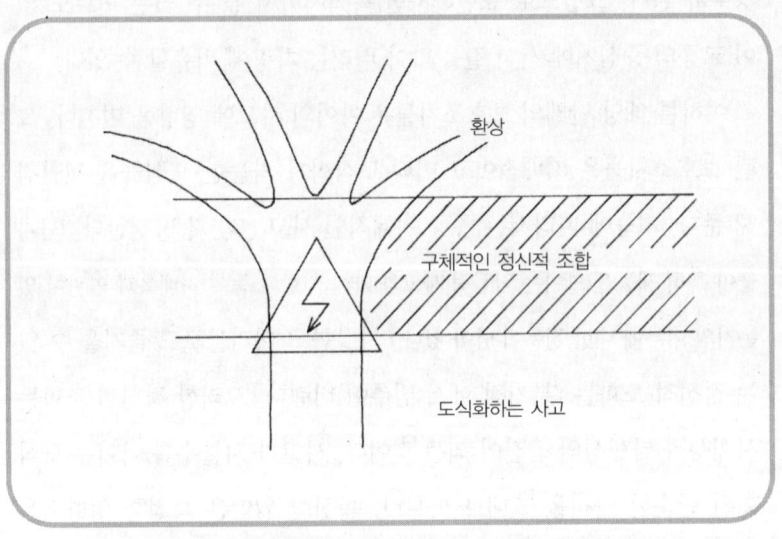

환상

구체적인 정신적 조합

도식화하는 사고

〈도표 6〉 현실에 대한 이해의 차단

• 왜 반항기가 나타나지 않는가?

자신의 자아와 상대인 너를 구분하기 위해 아이가 필연적으로 꼭 반항기를 갖는 것은 아니기 때문이다. 아이는 자신을 노예들의 지배자로서 이미 구분하고 있다. 노예들이 따르지 않으면 이 폭군은 화를 내며 원초적이고 파괴적인 불쾌감을 드러낸다.

• 왜 작은 폭군들은 아이들이 일반적으로 엄마와 분리되는 단계에서 엄마를 대신하기 위해 애용하는 대용물(젖꼭지 같은)이나 이행기 대상(예를 들면, 특정한 헝겊동물인형)을 별로 필요로 하지 않는가?

폭군적인 아이는 이런 대용품들보다는 믿을 수 있고 확실하게 제시되는 체험들을 통한 힘의 사용을 선호하기 때문이다. 작은 폭군들은 힘을 포기해야 하거나 잠들기 위해 누웠을 때 일시적으로 젖꼭지가 필요하다.

원래 아이는 둥지에 붙어 있다. 아이는 자신의 명령대로 움직이는 엄마의 몸을 가까이서 늘 감지하기 때문에 어떤 다른 대체물을 엄마로 대체해서는 안 된다. 즉, 엄마가 대체되기 위해 상실되어서는 안 되는 것이다.

• 왜 작은 폭군은 엄마에게서 떨어질 수 없는가?

엄마는 자신이 권력을 행사할 수 있는 제국을 제공해 주므로, 작은 폭군은 엄마를 놓아 줄 수가 없다. 놀이터나 유치원 등에서 다른 사람들의 힘에 위협을 당할수록 엄마와 더 밀접하게 연결된다. 엄마는 그 제국의 유물이다. 그런데 엄마와 결합했는데도 엄마의 보호를 받지 못한다. 아이가 엄마를 약자로 설정하고는 엄마를 지배하고 있기 때문이다. 이것은 보호에 대한 아이의 욕구가 채워지지 않는 한 빠져 나올 수도 없고 벗어날 수도 없는 악순환이다.

• 왜 아이는 강하고 책임감도 있는 사회적 인격체로 성장할 수 없는가?

목적지까지 가는 동안 몇몇 장애물들이 길을 차단한다. 즉, 예측할 수 없이 힘을 앗아가는 변화에 적응해야 하는 불안을 통해 뭔가 시도해 보려는 의욕은 제지당한다.

나와 너를 구분하고 다른 사람들에게 자신을 맞추며, 그들에게 뒤지지 않으려고 노력하고 함께 느끼며 함께 행동하고 토의하면서, 새로운 길을 찾아 나가는 기쁨은 중단되어 버린다. 이런 상황에서는 진정한 의지를 펼쳐 나가지 못한다.

지배적인 아이들은 체험을 향유하고 극적인 감정을 강하게 표현하는 가운데 사람들을 활기 있게 만들어 주는 분노와 사랑, 불안과 용기 등을 누리지 못한다.

이런 정서 상태는 아이의 내면에 쌓여 간다. 유아적 행동들도 지속된다. 여기에는 에고이즘, 자신만이 중심이 되고자 하는 심리, 전체주의적이고 권력 지향적인 요구들, 나르시스 성향과 모든 것을 가능하게 해 주는 전권력의 감정 등도 포함된다.

아이가 자신이 쌓아온 장애들을 깨부수는 내면의 힘을 마음대로 이용할 수 있게 되면, 이 작은 통로들은 곧 난국을 만들어 낸다. 이러한 발전은 겉보기에는 강하지만 사실은 불안한 상태의 자아를 만들어 낸다. 계속되는 이런 유아적 감정은 자기중심적이며 반사회적인 성격을 길러내는 지름길로 아이를 이끈다. 그리하여 아이는 독단적이며 자신을 과대평가하거나 다른 사람을 무시하는 사람으로 성장하게 된다.

사랑의 체험은 폭군에서 벗어나게 해 준다. 그러나 다른 사람들을 일방적으로 사랑한다. 이것은 다른 사람에게 사랑받기 위해 다른 사람을 사랑하는 것이다. 그리고 할 수 있는 한 사랑하는 대상을 지배하려 한다.

지배의 성공 여부가 모든 감정, 관계, 불만, 적응이나 불안 등의 척도를 이룬다.

 ## 권력의 박탈은 위기로 이어진다
– 아이에게 있어서의 탈(脫)보상

아이가 주변 세계를 지배하면서 보호에 대한 자신의
욕구를 보상받을 수 있다고 여기는 동안, 아이는 자신의 세계가 정상
적이라고 여긴다. 살면서 언젠가 한번 순응해야만 했던 필연은 언젠가
는 누군가에게로 돌아가게 되어 있다. 그런 필연은 피할 수 없다. 관련
당사자들은 종종 아이의 상황을 잘못 인식하기도 한다. 그들은 아이의
상황을 경시하거나 그런 상황들을 완화시킬 수 있을 것이라고 생각한
다. 그러나 관련 당사자들이 원한다 해도 아이를 위기 앞에서 지켜줄
수 없다. 이렇게 되면 대부분의 부모들은 상황 해결에 별로 도움이 되
지 않는 자기를 비난하게 된다. 그러면서 비로소 가족들은 아이의 상
황에 대한 도움의 필요성을 절감하게 된다.

아이에게는 병적인 과정들이 뒤를 따른다. 보호에 대한 대체물로서 세상을 지배할 수 있게 된, 지금까지의 이 성공한 보상으로서의 대체 보상물을 갑자기 탈취당하게 됨으로써, 아이는 탈(脫)보상 현상을 체험 하게 된다. 아이는 가상적인 보호마저 잃어버린다. 아이는 사랑받지 못한다고 느끼며 고독하고 실존적으로도 위협을 느낀다. 성격이 점차 형성되어감에 따라 심한 성격파탄 증세를 보이거나 새로운 대체물로 즉각 대체물을 교체하는 등 공격성을 드러낸다.

아래의 예를 통해 탈보상 현상과 그로 인해 야기되는 반응 등을 제 시하고자 한다.

- **탈보상의 계기: 파트너의 활발한 적응을 유발하려는 첫번째 자극**
  루이자에게 있어 손가락이 문에 낀 것은 어떤 의미에서는 마지 막 통첩노선이다. 탈보상 현상이 일어난 것이다. 루이지처럼 말 을 하기 시작하고 또래와 어울려 놀기 시작하는 다른 꼬마들도 마찬가지이다. 그들은 자신이 이미 획득한 능력을 기반으로 의 사소통이나 놀이를 재촉한다. 많은 질문과 놀이에 필요한 요구 ("네 이름이 뭐야? 개는 어떻게 만들어? 공을 나한테 던져! 인형한테 뽀 뽀해." 등)들은 아이를 외통수 상태로 몰고 간다. 나는 그런 상황 에서 즉시 똑같은 방법으로 반격하며 엄마를 꼭두각시로 만드는 아이들을 알고 있다.
  반응: 음식섭취를 완전거부 – 터득한 놀이 형태의 퇴행 – 말하는 것이나 놀이를 거부 – 엄마와의 융합 등

- 탈보상의 계기: 가족 내에서 구심점의 상실

미카엘은 어린 누이의 출생으로 왕위를 빼앗겼다.

필립은 계속 동생들이 태어나자 자신이 보호받지 못한다고 느꼈다. 사고를 통해 필립이 가족의 보살핌을 받게 되었을 때 가족, 친척, 의사들과 친구들의 분명한 중심점이 되었다.

마리온은 할머니에게서 사랑을 많이 받았다. 할머니는 마리온이 원하는 것은 무엇이든 했다. 할머니가 요양해야 하는 상황이 되자 마리온의 세상은 무너져 버렸다.

반응: 파괴적인 행동의 돌출 – '교란자' – '장난꾸러기'(세상에서 부정적인 반응을 얻는다 해도 중심인물이 되려고 시도하다 절망하게 되는 상황들)

- 탈보상의 계기: 이미지의 상실, 아성의 상실

알렉산더와 비슷한 상황 — 여선생님에게서 왕자대우 받기를 기대하던 그리고 동료학생들 사이에서 주도권을 쥐려던 자신의 바람 대신에 굴욕을 체험하는 상황 — 은 유치원에서 학교로 진급하는 아이들에게서 종종 나타난다. 다섯 살인 요한네스 또래 친구들은 요한네스가 놀면서 짧게 공격적으로 외치는 '손들어', '쏘아' 등과 같은 명령을 들어주지 않았다. 베른드는 3학년이 될 때까지 학습에 문제가 있었는데도 여선생님에게 귀염받는 아이였다. 선생님이 바뀌자 베른드는 자신이 새롭게 적응해야만 하는 현실과 대결해야 했다. 입양아 하이꼬는 보장된 사냥꾼으로서 자신의 이미지를 잃어버렸다. 같은 경우 입양된 세바스찬은 처음으로 영어시험에서 1등을 놓쳤을 때 세계가 와해됨을 느꼈다.

반응: 선생님과 동료 학생들에 대한 공격적 포악함 – 자신의 책임을 거부하고 다른 동년배에게 책임을 전가할 뿐만 아니라, 우호적 관계가 아닌 적대적 경쟁 관계를 쌓아간다(요한네스는 여러 달 동안 모든 문제를 해결하고 적들을 죽이는 마술사 역할로 퇴행했다).

- **탈보상의 계기: 부분적 약점들의 인식**

지능이 높은 아이들, 스타 의식이 있는 아이들은 독서곤란증이나 말더듬, 축구나 스키를 탈 때 자신의 조작법이 미숙하다는 것을 예기치 않던 한 순간에 인식할 수 있다. 그 아이들은 노력하여 더 많이 연습할 기회를 가질 수도 있다. 까다로운 아이는 비정상적 상황에 적응하기가 어렵다. 그러나 지배적인 아이에게 적응이란 아예 논의 밖의 일이다. 그 아이의 거부는 강제력을 띠고 있으며, 현실에서 벗어나 자기 부정적 입장을 취한다. 그러한 아이에게는 도움을 받으려는 욕구 자체가 허용되지 않으며, 그것은 힘을 상실했거나 받아들일 수 없는 속수무책의 느낌을 의미한다. 이 아이의 비극은 부분적 약점이 아니라 인격장애이다.

반응: 도움에 대한 거부 – 스트레스 – 바보스런 행동 – 심신장애 등

부모들은 아이들에게 탈보상 현상이 나타나면 아이와 자기 자신에 대해 먼저 실망한다. 부모는 아이의 이상한 행동을 지나가는 일시적 상황으로 바라보거나, 아니면 이것을 조절하거나 아이를 변호하려고 한다. 아이의 이러한 행동장애는 정상에서 벗어난 성장단계로 이어진다. 부모들은 자신의 교육 목표와 기대치가 전혀 바라지 않는 상태로 전도되었다는 사실을 알게 된다. 교육을 둘러싸고 벌어지는 여러 모순들 때문에 그리고 책임문제 때문에 부모들은 자주 싸우게 된다. 부모들은 즐겁고 걱정 없는 자녀 대신 이제 교란자를 갖게 된 것이다. 자신과 아이들을 위해 꿈꾸던 자유 대신 현재 그들은 자신의 생가(生家)에서보다 더 감금된 자신들을 본다. "저는 더 이상 안정을 취할 수가 없어요. 제 욕구는 어디로 가버렸나요? 저 자신을 끔찍한 이 아이에게 갈취당하도록 두어야 하나요? 이 아이는 누구에게서 그런 것을 이어받은 것일까요? 만일 이 아이가 내 머리카락을 당기고 치면, 저는 아이의 뺨을 때리고 아이를 벽에다 던질지도 몰라요. 그리고 남편이 우리 아이의 행동장애에 대한 책임을 내 탓으로 돌리면, 저는 아이를 안고 창 밖으로 뛰어내릴지도 몰라요. 제가 왜 결혼을 했을까요." 나는 당사자인 한 엄마가 비탄에 잠겨 울부짖는 소리를 들었다. 그녀의 남편도 나을 것이 없었다. "이 사람은 이제 더는 제 아내가 아니었어요. 마치 꼭두각시처럼 우리 아들의 손아귀에 놓여 있어요. 제가 일을 끝내고 돌아와도, 아내는 저를 위한 시간이 없어요. 아이에게 완전히 독점당했어요. 그러한 상황에 대해 무슨 말을 하면 아내는 제가 질투한다고 여기지요. 아내가 히스테리적으로 제게 소리 지르면, 저는 물벼락 맞은 푸들 같다는 생각이 듭니다. 그러면 저는 체념하고 트럼펫을 들고는 지하실로 가지요. 그렇지 않고 제가 아예 나가거나 책상을 후려치는 것이 나을까요?" 많은 부모들이 그렇게 느낀다. "대화가 더 논쟁적이 되고 아이에 대한 화가 치밀어 오르면, 분노에서 더 나아가 증오감이 싹트게 되지요. 최악의 공격적인 느낌이 몰려나옵니다. 이제 아주 사소한 일로 불꽃이 튀게 되지요. 그러면 시끄러워지는 겁니다. 헛된 사랑의 노력은 우리 영혼을 부식시키지요."[35]

점점 더해만 가는 사랑과 증오, 이 둘의 날카로운 양립병존은 각각 자기 자신과의 관계, 부부 사이의 관계, 아이와 부모 사이의 관계에서 신경을 건드린다. 완전히 막다른 골목의 감정적 미로, 좁은 길과 예측할 수 없는 함정, 그곳에서 아이가 숨이 막히도록 위협한다.

벗어날 길을 찾는 것은 힘만으로는 가능하지 않을 것이다. 아이가 잘못된 행동에 이르게 되는 것은 작은 발걸음 하나 때문이다. 분노나 화가 커지고 견딜 수 없는 억압 아래서 자제하지 못할 때 이러한 걸음을 행하게 된다. 부모들은 그런 공격을 막기 위해 모든 공격에서 뒤로 물러난다. 부모들은 감정표출을 억제당하면서 분노 외에 사랑의 흐름도 억제당한다. 그래서 불도 물도 체험하지 못하고 긍정이나 부정도 표현하지 못한다. 격한 감정을 억누르며 관습적 균형을 찾아 교육적이라는 이유로 대화는 마무리된다. 미소를 지으며 엄마는 교란자에게 경고한다. "제발 아가야, 내가 전화할 때 그렇게 소리 지르지 않았으면 좋겠구나."

그러나 아이로서는 자신의 감정표현에 대한 어떠한 한계도 제시되지 않기 때문에, 그리고 암시나 절반의 진실만 제공되기 때문에 부모의 진심을 인지할 수 없다. 아이는 부모를 어떻게든 움켜잡으면 굳어버리는 약한 덩어리로 느낀다. 그리고 부모의 견고함을 욕하기 위해 부모를 공격한다. 아이는 자신에게 반대하는 부모의 저항을 이끌어 내는 데 항상 성공한다. 그렇게 함으로써 아이는 부모가 좀 더 강하게 나와 주길 원하는 아이다운 바람과 자신의 고유한 힘에 종속되기를 바라는 마음, 그 사이의 양립병존 상태에서 떠돌게 된다. 왜냐하면 작은 폭군은 포기하지 않고 궁전의 혁명에 대해 방어해야만 한다고 믿기 때문이다. 그리하여 온 상황을 견딜 수 없게 만드는 권력투쟁이 시작된다.

이쯤 되면 부모들은 심리학자, 정신과 전문의, 치료사, 교육상담자, 결혼상담자들을 찾아다니기 시작한다. 부모는 그때까지 절대적으로 옹호하던 아이에 대해 문제를 제기하고, 아이는 왕권을 박탈당한다. 아이 쪽에서는 여러 시도들, 실험과 자신의 장애를 둘러싼 수수께끼들이 안전 체제의 마지막 힘들을 발휘한다. 그런 불안한 불확실성에 대항하기 위해 아이에게는 자신의 힘을 실행할 전제가 마련된다. 그것은 근본적인 도움 없이는 결코 중단되지 않는 악순환이다.

감 별
– 진단에 관해 견해들

이 장은 특히 전문가들이 참고할 만하다. 나는 대체적으로 DSM III(정신장애에 대한 진단과 통계 메뉴얼)의 견해를 견지하려고 한다.

지배욕은 이미 유아기에 시작되어 시간을 오래도록 끄는 것 때문에, 그리고 인격의 모든 영역으로 확장되는 그 스펙트럼 때문에 인격장애로 분류된다. 그것은 일차적 노이로제 장애는 아니다. 왜냐하면 노이로제 장애에 대해 DSM III에서 제시한 주된 특징이 지배욕과 정확하게 일치하지 않기 때문이다. 당사자를 괴롭히고 당사자를 위축시키는 피해의식 노이로제와 대단한 위력을 발휘하는 지배욕의 현실 통제는 차이가 있다.

피해의식은 현실을 통제하는 자아의 정체성이 발전하기 이전에 성립된다. 그러기 때문에 노이로제는 결핍이라기보다는 고유한 인격의 실체로서 파악된다.

정신적 처리보다 지각의 협력으로 이루어지는 인식에 좌우되는 경우, 그리고 자아정체성에 대한 의식과 거리가 멀수록 그것은 자폐증과 같은 심리적 발달단계에 더 가깝다. 자아정체성이 현실통제나 복잡한 인식들에 대해 상실이나 열등감을 자아내게 되면 노이로제 증상이 나타나기 시작한다.

지배욕은 정신질환, 지각협력 발달의 차단, 자아정체성의 지체, 의도적 사고의 지체 등 여러 위험의 경사지대에서 활동한다. 그러다가 힘을 상실한 데 대한 보상이 이루어지지 않을 경우 그 결과로서 노이로제 증상이 나타날 수 있다. 즉, 노이로제는 지배욕의 결과로 나타나는 것이지 노이로제의 결과로 지배욕이 나타나는 것은 아니다.

인격 내부에서 일어나는 이러한 현상뿐만이 아니라 타고난 기질, 재능, 감수성, 환경의 영향 등도 지배욕을 드러내는 요소이며, 노이로제 외에도 공생심리 신드롬, 경계선상의 인격장애, 강박장애 등도 나타날 수 있다.

경계선상의 인격장애는 여러 행동방식의 불안정성이라는 면에서는 지배욕과 유사하다. 또 불안으로 인해 심각한 정체성 장애로 이어질 수 있다. 지배적인 아이들은 힘을 잃을 때면 자기의 상을 상실할 수 있지만, 대개 그것은 자신이 아닌 다른 사람들에게 책임이 있다. 그렇게 경우에 따라 나타나는 정체성 장애는 교정될 수 있다.

공생심리 신드롬과는 달리 지배욕이 있는 아이는 극단적 밀착이나 배제상황을 견디지 못한다. 아이는 그런 것들과 거의 융화하지 못한다. 아이는 동일한 것에 전적으로 종속되지 않는다. 지배욕이 강한 아이는 여러 인물들을 지배하는 반면, 공생심리 신드롬에서는 오히려 엄마의 지배가 더 중요하게 작용한다.

강박장애와 지배욕도 많은 공통점이 있다. 다른 사람들에게 적응하지 않으려는 점 등이 유사하다. 그러나 지배욕은 완벽한 수행이나 인습적인 것 혹은 다른 대상과 관련이 있는 것이 아니라 오로지 지배하고만 관련이 있다.

지배욕은 나르시시즘과도 유사하다. 나르시시즘은 자기 자신을 과대평가하고 자신만이 유일하다고 느끼며, 무한한 성과와 힘에 대한 환상 등을 지니고 있다. 다른 사람에 대해 동질성을 갖기도 하면서 주목받고 싶은 욕구도 지니고 있다. 그러나 나르시시즘은 결코 다른 사람을 지배하지는 않는다. 경탄의 대상이 되는 것만으로 충분하다. 그것을 위해서라면 어떤 상황에도 적응한다.

병원적(病原的)으로도 나르시스는 지배욕과 구분된다. 미처리히 (Mitscherlich)[36]와 위니코트 두 사람이 함께 동의한 것은, 나르시스적인 본성의 전권환상은 부모가 늘 원하는 것을 채워 주지 않았을 경우에 가능하다는 것이다. 욕구가 충족되면 나르시스적인 억압은 생겨나지 않는다고 한다. 그에 반해 지배욕은 아동이 부모의 사소한 저항에 부딪혀 자신의 우세함을 느낄 수 있을 때 생겨난다. 가장 주된 차이점은 지배에 대한 종속성 여부이다.

언급된 이 모든 장애들은 쉽게 잘 구분되지 않는다. 장애란 특정한 성격이 다른 성격들과 결부되면서 나타나기 때문이다. 나르시스는 모든 장애에서 다 나타난다. 여러 장애들이 동시에 나타나는 것은 여러 진단의 기록을 그 전제로 한다.

과잉행동, 과잉운동, 과잉용기, 음식거부 등에 대한 진단은 조심스럽게 제시되어야 한다. 왜냐하면 부작용이나 탈보상의 결과와 관련하여 지배욕의 테두리 안에서도 나타날 수 있기 때문이다.

진단 범주들의 종합

통계적으로 확실한 연구 결과에 따라 제시되는 견해들을 간략하게 정리해 보고자 한다. 나는 독자들이 이러한 정보를 발전적 연구를 위한 참고자료로 활용하길 바란다.

진단의 범주들
- 외부의 요구와 적응에 대한 지속적 방어
- 다른 이들에 대하여 강압적이고 타협의 여지가 없이 정당성을 주장하며, 다른 이들에게 자치권과 권력 행사만을 고수
- 자기가치에 대한 과장과 자신만이 유일하다는 느낌
- 다른 대상들에 대한 감수성 결여, 무분별성

- 불안감, 지속적이며 확실한 힘의 전제, 요구들에 대한 매력적 반응, 저급한 욕구불만의 순화
- 상실하지 않으려는 것, 분노를 통해 잘못된 것에 대해 공격적 반응을 보임, 다른 이들에 대한 책임 전가, 공격, 무시 등.

이런 병리학적 특징들 가운데 적어도 두 가지가 나타나야 한다.

1. 낯가림 단계의 부재
2. 반항기의 부재(혹은 반항기의 과도한 지속)
3. 자아정체감의 지체 – 말하는 데 있어서도 '나' 라는 말을 사용하지 않거나 문법적인 문맥에서도 드러남
4. 예를 들면, 잠들 때 찾는 젖꼭지나 보상대상은 예외지만(위니코트에 의하면), 전통적인 구강대체물에 종속되지 않음

부수적인 특징들

거리감이 없고, 자신에게 제시된 규칙들[모으기, 정리, 예법(禮法)]에 대한 강제적인 고수, 정해진 '지역' 에 대한 지배욕, 가족이나 친구들과 오래 지속적으로 따뜻한 관계를 맺는 것에 대한 제한, 상대방을 지배하려는 수단으로서의 언어, 예를 들면 질문 던지기, 정해진 대답 강요하기 등이 있다. 또 예측할 수 있는 도식적 놀이나 생각을 선호한다.

장애

장애는 지배욕을 이끌어 내는 동기일 수 있다. 부모들이 아이들을

따라야 하기 때문이다. 만일 학습을 거부하면 그것은 단절이나 퇴화라는 의미에서 정신적 장애로 보일 수도 있다.

병세의 악화

힘을 박탈당할 때 돌발한 위기들이 위협할 수 있다. 그 위기들은 공격으로, 억압된 노이로제로, 짧은 반응의 정신병으로, 강박노이로제 등으로 발전할 수 있다.

특히 유리한 상황

기술 사회의 전제조건들

그밖의 요인들

결합에 대한 근본적 욕구를 둘러싸고 일어날 수 있는 장애는 출생 직후에 나타난다.

부모들은 사랑에 대한 보충 욕구 때문에 거리를 두고 아이를 돌보기보다는 옛 전통대로 아이를 업어 주거나 재우려고 한다. 이것이 오늘날의 핵가족과 같은 상황에서는, 기계적 안락함과 과소비로 인해 부모가 아이를 따라가게 되는 위험성으로 발전한다. 그렇게 되면 아이는 부모를 따르지 않는다.

핵가족, 복지, 직업을 갖지 않는 엄마, 아이의 특별한 위치(외동이, 첫째, 막내둥이, 외아들, 입양아, 장애아, 병이 난 어린이 혹은 정신장애아)와 같은 상황들은 지배욕의 생성에 유리하다.

성(性)의 구분

원래 소녀들보다 소년들이 지배욕과 더욱 관련되며, 대략적인 통계에 따르면 그 비율이 약 5 대 1 정도라고 한다.

지배욕이 시작되는 나이

지배욕이 시작되는 시기는 7개월부터 24개월까지, 말하자면 예측이 가능한 도식화 시기 이후 목표가 분명한 시기와 자아정체성에 도달한 시기 사이의 발달단계이다. 정신적 장애가 있는 아이들에게는 이런 단계의 동기들이 지체된다. 그리고 흔히 자아정체성은 거의 나타나지 않는다.

무엇을 할 것인가

예방을 위한 양육방식

나는 우리가 편입되어 살아가는 산업 사회 체제 내에서의 생활조건, 그리고 현대인들이 그것에 맞추어 살아야 하는 시대정신이 우리에게 점점 더 큰 책임을 요구하게 된다는 논의에서부터 출발하고자 한다. 몰락하지 않으려면 인간은 내적으로 안정을 느껴야만 한다. 이러한 요구는 우리에게 필수 불가결하다. 그런데 비극적이게도 오늘날 인간은 그 반대 상황에 처해 있다. 인간은 선과 악이라는 가치들과 관련하여 불확실하고 무지하다. 이런 불확실함이 아이들의 교육 — 우리는 그것을 자녀양육 혹은 교육이라고 부른다 — 을 둘러싼 양육에도 분명하게 반영

되고 있다. 자녀양육의 출발점은 특히 무엇보다도 창조의 전제들, 즉 이 지상에서 우리의 삶을 영위하기 위해 중요한 것들을 의식적으로라도 증대시키는 것에서부터 출발해야만 한다. 교육의 개념을 현실화하기 위해 부모는 부모로서 자신을 자리 매김 해야 하고, 아이에게는 아이다움을 허락해 주어야 한다. 무엇보다도 가족 안에서 질서를 고수하고 인식하는 것이 중요하다. 특히 아이가 부모를 존중해야 하고, 부모의 모습이 아이가 생활해 나가는 여러 전제들의 토대가 되어야 한다. 이런 기초적인 토대 위에서 비로소 아이는 자신을 펼쳐 나갈 수 있다.

이러한 것이 뿌리내리려면 분명히 적응과 관철이 준비되어 있어야 한다. 이중 하나는 다른 하나 없이는 존재할 수 없다. 생물학적 상태는 생활의 조건에 따라 변하며, 힘(권력)을 발휘하는 기질 상태는 삶의 전제 조건들을 변화시키는 데 작용하는 권한의 절대적 전제이다. 그리고 그러한 권한은 먼저 적응한 후에 힘을 발휘하게 되는 것이다. 그러나 그 반대는 위협적으로 보인다. 우리가 우리의 느낌보다 기술 문화권의 전제들을 더 앞세우는 동안, 우리는 자신의 본능적 통보에 낯설어졌다. 그렇게 됨으로써 우리는 인간적 운명의 뿌리도 톱으로 잘라내 버린다. 나무들만 베이는 것이 아니라 인간도 베이는 것이다. 인간 역시 정신적인 세계의 '오염'으로 고통 받고 있다.

아이 양육에 있어 인간 본능으로 회귀하는 것은 어쩌면 당연하다. 그러므로 자녀양육 방식이 '부드러운 물결'에서 다시 사랑이 없는 형태로 되돌아간다는 것은 분명히 잘못된 일일 것이다. 그러나 또 전통적 육아방식으로 되돌아가 아이를 안고 재우는 그런 옛 전통적 생활방식을 현대 기술 사회의 핵가족 생활조건으로 옮겨 올 수는 없다.

마찬가지로 우리는 세대별로 점점 더 영락(零落)해 가는 본능적 감
각을 더는 믿을 수도 없다. 아이의 영적인 건강에 황폐한 영향을 주는
것을 예방하기 위해 우리는 다른 방향의 도움을 이용해야만 한다. 기
술 사회에 풍부한 여러 방법들을 더 강화하여 이용할 필요가 있다. 먼
저 심리학 영역의 학문적인 연구내용을 부모에게 전달하는 것이 필수
적이다.

부모가 될 사람들 혹은 이미 고학년 학생들, 의학도, 심리학도, 교육
학도, 미래의 조산원과 간호사들도 유아기 아기의 인격적 욕구에 대해
인식하는 것이 매우 중요하다.

이런 미래의 전문가들이 아이의 정서에서보다는 기술의 사용에서
더 많은 것을 체험한다면 그것은 비극적 신호이다. 기술의 사용은 아
이들의 영혼에 쉽게 상처를 주며, 아이들의 미래는 그런 상처들로 각
인된다.

개선해야 할 점은 발달단계의 특징들 가운데 기본 욕구들의 변화에
대한 정보도 해당된다. 먼저 전체 인격구성의 토대를 제시하는 원(原)
신뢰가 구축되어야만 한다. 이미 임신 기간 동안 아이와 함께 느낄 수
있고 들을 수 있는 대화를 해야 한다. 가장 감성적인 삶의 단계는 탄생
과 그 직후이다. 아이가 태어나 안정감을 느낄 수 있는 주변 환경과, 밤
에도 모자동실을 이용하는 것은 매우 중요하다. 그런 것들을 통해 신
생아가 지속적인 안정감을 느낄 수 있기 때문이다. 이런 방식으로 아

기는 엄마와의 공생적인 공명, 자신이 이해받는다고 느끼는 엄마와의 부드러운 대화 등을 체험할 수 있다. 사람들은 첫 6개월 동안은 아기가 제멋대로 굴지 않게 할 수 있다. 위안이나 영양분에 대한 아이의 요구는 즉시 만족된다. 아이가 울면 엄마는 규칙적인 시간에 따라서가 아니라 언제든지 우유병을 준다. 그러나 아이는 아직 시간에 대한 개념이 없기 때문에 이런 것을 체계화할 수 없다. 마찬가지로 아기는 밤에도 역시 끊임없이 엄마와 접촉해야만 한다. 유아방에서의 고립은 위험을 수반한다. 아이는 어떤 경우에든 밤에는 공포와 대면하게 되어 있다. 엄마가 깨어 아기가 있는 공간으로 가기 위해 필요한 시간을 아기는 불안으로 채워진 영원처럼 느낀다. 모든 아이들이 그러한 체험을 문제없이 받아들여 감당해 내지는 못한다. 그리하여 아이는 자신의 방에서 엄마를 지배하는 일에 성공을 거두게 된다. 가장 자연스러운 것은 아기를 부모 침대 — 둥지처럼 — 나 그 옆의 요람 또는 매다는 침대에서 자게 하는 것이다.

특히 민감한 국면은 일곱째 달이다(장애아에게는 이러한 징후가 일년쯤 되었을 때 나타난다). 이 지점은 예측할 수 있는 사고와 목표 지향적인 행동들이 전개되는 첫 단계이다. 예나 지금이나 이 시기에는 보호에 대한 욕구들이 충족되어야만 한다. 문제가 되는 것은 아이가 스스로 결정하려고 할 때이다. 물론 늘 그런 것은 아니지만 아이가 엄마의 보호를 규정하는 경우, 아이의 바람을 직접 채워 주는 것은 대부분의 부모들에게 불안감을 불러일으킨다. 아이가 원하는 것을 채워 주고 그 순간 아이를 만족시켜 주는 것은 좋은 일이다. 다만 미래를 생각하면 위험신호도 감지해야 한다. 지배욕을 의식한 양육만이 아이의 반응을 심사숙고하여 살펴보게 하는 동기를 부여해 준다. 원시 문화권의 부모들처럼 자발적으로 행동하는 것이 필요하다. 즉, 아이에 의해서 규정된 것이 아니라 부모들이 정한 필요에 따라 규정된 방식으로 아이에게 반응한다.

큰 문제가 될 수 있는 일상의 작은 문제들도 짚어 볼 필요가 있다. "아이가 밤에 다섯 번, 열 번 부르면 어떻게 하나요? 아이가 생선가스만 먹으려고 하면 어떻게 하나요? 품안에만 있으려 하면, 아이가 계속 손을 끌고 다닌다면?" 이런 질문을 받을 때마다, 나는 원시 문화권 부모들의 행동과 비교하게 된다.

한두 살 된 아이들에게 자유가 어느 정도 허용되는가? 이런 문화권의 엄마들은 아이와 함께 자신의 침대에서 자며 아이를 자신의 몸에 닿게 한다. 혹은 가까이에 있는 요람이나 흔들 그네에서 아이가 울면 달래 준다. 태어나기 전 엄마의 뱃속을 기억나게 하고 지속적인 결합을 보장해 주는 이런 보살핌은 아이에게 불을 켜 주는 전등 스위치나 안고 나누는 많은 이야기들보다 더 중요하다. 좋은 안(案)을 하나 제시한다면, 아이를 침대로 데리고 오라는 것이다. 특히 저녁에 그렇게 하는 것이 좋다. 아이는 혼자 떨어져 있지 않으면 밤에 불안감 없이 지낼 수 있기 때문이다. 아이에게 안정대책에 대한 결정권을 넘겨주지 말아야 한다. 이것은 부모가 스스로 만들어 내야 하고, 아이는 이런 일차적인 권위에 기대야 한다.

한국과 인도의 엄마들은 아이들에게 밥 이외에 다른 먹을거리를 잘 제공하지 않는다. 나는 배고픔이 최고의 요리가 되게 하라고 제안한다. 아이가 거부하는 음식에 대한 어떤 대체음식도 만들어 주지 말아야 한다. 어떠한 건강한 아이라도 배고픔을 당해 낼 수는 없다.

그린란드에서는 아이를 바닥에 두기에는 바닥이 너무 차기 때문에, 아이가 잘 움직이지 못하더라도 어쩔 수 없이 아이를 몸에 업거나 안은 채 생활한다. 페루의 부모들도 아이를 더러운 바닥, 벌레, 화난 거위들에게서 보호하기 위해 강보에 싸서 몸에 밀착시키고 다닌다. 나는 완벽한 움직임의 자유를 아이에게 허락하지 말라고 제안한다. 아이는 안전한 둥지의 경계, 제지에 적응해 나가면서 비록 그것이 편치 않다 하더라도 부모형제와의 단절을 체험한다. 아이가 이런 제지를 감지하면 불가피하고 편치 않은 육체적 벌이 있을 수 있다는 것도 저절로 체험하게 될 것이다.

부모가 아니라면 아이가 모순과 욕구불만으로 생겨나는 좌절을 극복하는 인내를 어디서 배우겠는가? 만일 부모들이 아이에게 물질적 번영에 따라 과도하게 최고의 것을 제공하지 않는다면, 아이는 계속되는 삶 안에서 매우 많은 좌절이나 모순과 씨름해야만 한다는 것을 인식하게 될 것이다.

다른 면으로는 다양한 방식으로 개별적인 대상이나 행동과 관련하여 활발해지는 아이의 활동성과 관철력을 고려해 보아야 한다. 여기서는 탐색의 양이 아니라 질이 중요하다. 예를 들면, 가지고 놀지 않고 가지런히 배열해 놓은 헝겊인형의 수보다 가지고 놀아 빨래 바구니에 담긴 인형들의 수가 더 중요하다.

아이가 어른들의 행동에 활발하게 참여하고 모방해 보는 것은 부모에 대한 존경심을 잃지 않으면서 스스로 성장해 나가고 독립하려는 아이의 욕망에 있어 중요한 의미를 지닌다.

아이가 새로운 시도를 위해 필요한 힘을 모으기 위해서는, 내게서 너를 발견하기 위해서는, 고유한 정체성을 펼치기 위해서는 둥지, 즉 안전한 기지로의 계속적인 귀환이 보장되어야만 한다. 그 안전기지는 아이에게 도피나 위안뿐만 아니라, 살아가는 데 필요한 격려와 극복할 수 있는 힘 등 많은 것들을 가져다준다. 아이는 우는 체험을 통해 자신에게 필요한 위안의 충족이 좌절될 수도 있다는 것을 인식하며, 그로 인한 실망, 불안과 분노도 같이 울음소리를 내어 처리하게 된다. 감정적인 표현을 교육적 견지나 체벌로 제지해서는 안 된다. 이러한 부정적 감정의 체험이 사랑의 체험을 위한 길을 만들어 준다.

반항기는 상반되는 감정과 그 효과적인 표현을 인식하며 자기 자신과 다른 사람들에 대한 경계를 알아나가는 데 있어 중요한 의미를 지닌다. "한 번도 반항하지 않은 아이들은 정상적으로 자라나지 않는다."[37] 그렇기 때문에 반항과 관련해서는 특별한 주의가 필요하다. '정당한 분노'를 매번 기분 전환이나 부드러운 위로로 억제하는 것은 성장하는 아이의 자아의식에 해를 끼치게 될 것이다. 두 살에서 세 살까지의 아이들이 반항을 체험하고 아울러 상대방과 연관된 자신의 고유한 힘 같은 것을 감지하는 중요한 단계를 막아서는 안 된다. 다시 말해 나와 너의 관계가 벌을 받아서는 안 된다. 아이는 자신의 반항에 대한 확신이 있어야 한다. 그러면서 아이는 상대에 대한 자신의 저항력을 기른다.

대상과 논의할 때 아이는 가급적이면 자신의 노여움으로 끝을 내려고 한다. 그것은 자신의 힘으로 위기를 견뎌 낼 수 있고, 좌절로 끝낼 수도 있다는 것을 각인시킨다. 예를 들면, 아이가 자신의 힘으로 열리지 않는 미닫이문에 대해 막강한 분노가 있다면, 아이가 자신의 분노에 빠져들어가 스스로 다시 빠져 나오지 못할 때(예를 들면 그것은 문을 머리로 공격하며 받아버리는 행동으로 표출된다) 비로소 부모는 아이를 안거나 달래 주어야 한다. 그러나 아이의 화가 다른 사람에게 향하면, 아이는 관계의 갈등을 표현하고 결론을 내기 위해 대결하려 든다. 그럴 경우 아이의 욕구를 통제해 주어야만 아이는 자신의 감정을 억압하지 않고 조절하는 법을 배울 수 있다. 그리고 아이는 자신의 공격성을 허용된 정도로 가다듬을 수 있다. 산업 사회보다 덜 문명화된 문화권의 아이들은 이런 체험을 강보에 있는 동안 거치게 된다. 강보에 싸여 묶여 있으면서 그리고 자신을 매달고 다니는 사람들의 몸을 통해, 아이는 다리와 팔을 공격용으로 사용하지 못하도록 제지당한다. 단지 입만 공격을 위해 사용된다. 마찬가지로 아이는 화해하지 않은 상태로는 상대방을 떠날 수 없는 상황에 처해 있다. 양립병존의 감정 상태에서 접근하려는 마음보다 증오가 더 강하게 작용하는 한, 도망가려는 것이 모든 살아있는 것들의 본성이다. 늑대나 상어, 다족류 등에서도 공통적으로 나타난다. 단지 인간만이 적에 대한 사랑을 위와 같은 방식을 통해 배운다. '눈에는 눈, 이에는 이' 라는 극단적 대결구도 아래서 강보에 쌓인 아이는 증오가 조건 없는 사랑으로 변한다는 것을 배운다. 또 인간들 사이의 분쟁에서는 단지 입을 통해서만, 즉 먼저 소리 지르고 울고 욕하고,

좀 더 나이가 들면 더 성숙한 형태로, 다시 말해 말이나 논쟁, 논의 등의 타협 가능성을 거쳐 만족과 사랑으로 변하게 되는 과정을 아이는 이 시기부터 배우게 된다.

수만 년 인류의 역사에서 지켜져 내려온 이러한 아주 자연스러운 제지를 행하도록, 나는 이제 막 두 살 된 옌스의 부모에게 권유했다. 옌스는 모든 것이 금지되어 있는데도 귀를 잡아당기고 배를 치기 시작했다. 나는 "아이가 당신을 치게 그냥 두지 마세요." 하고 아빠에게 말했다. "당신은 아이의 팔을 잡고요, 단호하게 안 된다고 말하세요. 아프다고 하세요. 당신은 당신의 분노에 대해 표현해야 합니다. 아주 분명하게요! 아이는 당신이 어떤 감정을 가지고 있는지 감지해야 합니다. 아이가 당신에게 동화될 수 있도록 말입니다. 당신은 옌스에게 기회를 주세요. 자신의 분노를 정해진 방식으로 표현할 수 있도록 말이에요." 아빠는 옌스를 아기같이 팔에 안았다. 옌스의 두 다리가 아빠의 한 팔 위에 놓였고, 머리는 다른 한 팔에 얹혔다. 아빠는 아이의 두 손을 자신과 아이의 가슴 사이에 놓았다. 눈은 시선을 고정시켰다. 그러자마자 옌스는 온 힘을 다해 아빠에 대항하여 큰 소리로 울부짖었다. 아빠 역시 말했다. "옌스, 나는 네가 이 아빠를 때리는 것을 원치 않는다. 안 돼, 그러면 안돼. 나는 아빠고 너는 내 아이야. 크게 악을 쓰렴! 더 크게. 네가 할 수 있는 한 크게." 나는 아빠에게 시선을 맞추지 말라고 알려 주었다. 시선 접촉은 갈등 앞에서의 도주이므로 아이는 시선 접촉을 쉽게 거부해 버리고 아빠는 패배자가 되어 버릴 수 있기 때문이다. 감정적인 논의는 육체와 영혼 전체를 통해서 감지하는 것이 좋다는 것을 알려 주었다. 시선고정은 갈등의 과정이 화해로 방향을 튼 후에 훨씬 더 효과적이다. 그 전까지는 아이의 머리를 가볍게 흔들거나 잡아 주는 것이 좋다. 아이가 아무것도 보지 않고 단지 느끼고 듣고 냄새를 맡으며 완전한 신뢰감 속에서 이러한 상황을 견뎌 낼 수 있는지 테스트해 보는 것이다. 옌스는 오랫동안 이런 테스트가 필요했다. 옌스가 조용해지고 긴장을 푼 것처럼 보이자, 나는 옌스를 잠들도록 두지 말고 애완동물 놀이로 검사해 보자고 제안했다. 옌스가 증오를 이겨냈는지 아닌지 확인한 후에야 비로소 옌스를 사랑으로 변화시키는 것이 가능하다. 그러나 그것은 아직도 멀었다. 전에 그렇게 좋아하던 '작은 쥐가 집에 들어오면…' 놀이에 대해 옌스는 다시 소리 지르는 반응을 보였다. 아빠는 그것에 대해 관심을 보였다. "네게 그렇게 큰 증오가 있다니! 네가 더 나아질 때까지 소리를 질러라. 내가 너를 잡고 있으마." 다음 번 화해의 시도에 옌스는 반짝이는 눈으로 응답했다. 옌스는 행복하게 웃었고 아빠와 애완동물 놀이를 계속하려고 했다. 그것은 부모에게 믿기지 않는 일이었다. 아빠는 그렇게 긴장이 풀린 채 자기 아이를 돌본 적이 없었다. 아빠는 '천둥 번개가 친 후에 하늘에 뜬 무지개' 같다고 생각했다. 옌스 아빠의 비유는 옳다. 사람들은 페스트할텐 (Festhalten) 과정을 두 개의 구름에 비유한다. 전기를 지니고 서로 긴장 상태에서 떠다니는 두 개의 구름층 말이다. 그 구름들이 서로 충돌한 후에야 비로소 그 긴장감과 대기는 다시 정화된다.

옌스와 아빠의 이 이야기는 엄마들이 페스트할텐을 할 능력이 없다는 것을 언급하려는 것이 아니다. 오히려 그 반대이다. 엄마는 아이의 삶에 첫번째로 관련된 사람이다. 엄마는 이미 문자 그대로의 의미에서 아이를 페스트할텐하고 있었다. 아이를 낳기 전에는 몸 안에 그리고 아이를 낳고 나서는 자신의 몸 밖에 페스트할텐하고 있다. 인간은 이런 근원 상태를 온 생애 동안 내내 자신이 커다란 위기에 빠질 때마다 동경한다. 그런데 특히 아들의 경우, 아버지에게서 체험한 이러한 페스트할텐이 특별한 의미를 지닌다. 페스트할텐 체험은 모든 나이에 다 해당된다. 즉, 내적인 위기나 관계의 위기가 커지지만 그것을 말로 표현하지 못하는 모든 시기에 다 해당된다. 그러한 상황에서 인간은 자신의 고통을 자신과 가장 친숙한 사람의 품에서 울거나 소리 지르며 표현할 수 있어야 한다. 텔레비전이나 우유병으로 진정시키는 대신에 말이다.

페스트할텐은 신체의 크기에 따라 구분해서 행해야 한다. 아기 때부터 세 살까지는 아이가 발을 쭉 뻗도록 하여 엄마의 품에 안는 것이 좋다. 그렇게 아이를 안고 엄마는 바닥에 앉는다. 엄마가 이러한 자세를 오래 취할 수 있도록 등을 벽에 기대는 것이 좋다. 아이는 이러한 자세로 바닥에 자신의 발바닥을 대고 버티면서 자신의 저항력을 잘 느낄 수 있다. 아이가 커 갈수록 눕는 것이 유리하다. 기본적으로는 항상 전 과정 — 분노에서 사랑이라는 새로운 변화에 이르기까지 — 을 실감나게 체험해야 하고, 아이가 그것을 통해 부모의 우월감을 편안하게 체험하는 것이 중요하다. 페스트할텐은 교육과는 동일시할 수 없다. 페스트할텐에서는 엄마와 아기, 아빠와 아기 사이의 감정적인 관계의 제시가 중요하다. 그것은 교육을 위한 적절한 토대의 기본 전제가 된다.

"너를 자유롭게 하기 위해서 내가 안아 주마." 하는 것이 페스트할텐이 지니는 깊은 의미이다. 부모에 대해 적대적인 감정을 표현하는 아이에게, 부모에게서 벌을 받거나 무시당하지 않으면서 그 관계를 개선하는 데는 이보다 더 좋은 방법이 없다. 오랜 기간 동안의 실제 페스트할텐 체험은 다음과 같은 사실을 말해 준다. 페스트할텐을 체험한 아이들은 다른 아이들보다 의지도 강하고 사회성도 더 강하다. 놀라운 것은 이런 아이들이 직접적인 저항을 우회한다는 점이다. 그밖에도 갈등을 이겨 내며 어떻게 사람들이 자신의 힘으로 사랑을 혁신해 나가는지도 알게 된다.

전적인 종속 상태에서 자신을 놓아주는 자아의 자유에 이르는 그 긴장 곡선을 견디기 위해서는, 아이가 무엇보다도 관계의 갈등을 풀어내는 방법을 배워야 한다. 부모들은 아이의 단계에 걸맞는 결정의 자유를 인정해 주어야 한다. 그런 자유는 그때그때마다 아이의 책임에 적합한 것이어야 한다. 작은 의무와 그 책임을 떠맡는 기회를 함께 결정하는 자유를 체험하게 되면, 아이는 자신의 고유한 욕구뿐만 아니라 다른 사람들의 욕구도 고려하게 된다. 아이가 모든 상황에서 조건 없이 사랑받는다는 것을 느끼게 되면, 그밖의 교육은 특별한 애로사항 없이 진행된다. 요약하면, 가장 중요한 원칙은 다음과 같은 것으로 표현할 수 있다.

사람들은 끊임없이 주의해야만 한다. 부모와 아이 사이는 일방적이 아니라 상호적으로 적응되어야 하며, 그러한 적응과 결합이 점차 독립과 책임으로 변할 수 있어야 한다. 중요한 것은 아이의 발전을 그때마다의 감정에 의해서가 아니라 세대를 초월하는 장기적 과정으로 보아야 한다는 것이다. 아이 한스가 배우지 못한 것은 어른 한스도 절대 배울 수 없다. 나는 어떤 어린 한스인가? 나는 내 아이에게 전수할 어떤 체험을 했는가? 내 양육 아래서 어른이 되어서도 계속 지니고 있을 견해와 행동을 습득했다면 내 어린 한스는 무엇이 되겠는가?

치료를 위한 권유

중독은 전통적 심리상담 방법이나 교육적 방법으로 접근하여 해결해 나가야 한다. 지속적이고 교육적인 방법을 적용해 약점과 강점, 능력, 의무, 다른 사람들의 욕구에 주의를 기울이는 것 등 관련을 맺는 사람들 사이의 일반적 규칙에 주의하도록 이끌어 주어야 한다. 그런데 실제 임상에서 지배욕은 그런 개입에 대하여 면책특권을 받은 듯이 보인다. 이러한 '면책'은 대개 한편으로는 힘을 실행하며 중독되는 특성과, 또 한편으로는 버릇없이 구는 특성으로 구분된다. 버릇없는 아이는 오랜 시간 후에 결국 믿을 수 있는 규칙들이 제공되어 그것을 습득하게 되면, 곧 안정되고 정상적인 상태가 된다. 그에 반해 지배욕이 있는 아이들은 점점 더 불안정해진다. 힘을 박탈당하면 그 상황은 더욱 끔찍해져 자신을 위협한다. 당사자들은 저항한다. 자신을 위협하는 규칙에 순응하는 대신 더 강화된 공격 태세로 거부하거나 억압 상태에 빠지거나 정신적 불균형 상태에 빠지게 된다(호흡곤란, 두통, 변비 등).

지배욕이 있는 아이는 전권적인 힘의 집행을 포기할 때만 치유될 수 있다. 그는 외부에서 주어진 규칙들과 대결해야만 한다.

그러므로 지배적인 아이에게서는 심리학적 치료들이 별 효과를 거두지 못한다. 그것은 '유아 중심의 교육학'[닐(Neill)의 반권위주의적인 교육, 앨리스 밀러(Alice Miller)의 견해들과 브라운뮐(Braunmühl)의 반교육학]을 지지하는 치료법인데, 예를 들면 간접적인 놀이치료 같은 것이다. 그런 치료법들은 적응과다나 스트레스와 관련하여 나타나는 장애에는 효과가 있다.

치료과정은 장애의 뿌리부터 시작해야 한다. 지배욕이 생겨나는 뿌리를 찾기 위해 여러 가지를 시도해 본 결과 다음과 같은 고리들이 나타났다.

강요하는 힘을 실행하는 그 배후에는 힘의 상실에 대한 두려움이 있다. 즉, 그 힘을 상실하면 보호와 안전도 상실할 것 같은 두려움이 감추어져 있다. 최종적인 결론은 사랑의 상실에 대한 두려움이다. 병적인 과정으로 몰고 가는 아이의 체험의 밑바탕에는 부모보다 강해야 한다는 인식이 있다. 말하자면 부모에게서 더는 보호받지 못한다고 느끼는 것이다.

아이가 지배적이지는 않으나 단지 버릇이 없는 경우라 하더라도 아이에게 어떤 제지를 가하지 않으면, 그런 부모의 약점이 불안해하는 가운데 아이에게서 나타난다. 많은 부모들이 알지 못하는 데서 비롯되는 약점들을 아이에게 허용한다. 그러나 부모들이 어떻게 자녀에게 올바른 도움을 줄 수 있는지 알게 되면 상담하지 않고도 문제를 해결할 수 있다. 그러나 어떤 이유에서든 아이를 붙들고 페스트할텐하는 것에 대해 공포가 있거나, 대질하는 것을 두려워하는 부모, 공동의 교육적 행위에 발맞출 수 없는 부모는 치료를 받아야 한다.

가족체계 먼저 살펴보기

그동안 나와 함께 '작은 폭군' 들의 페스트할텐 치료에 참여한 많은 이들이 우리에게 의미심장한 질문거리들을 던져 주었다. 먼저 가족체계 안의 어떤 문제들이 엄마나 아빠를, 혹은 조부모들을 그렇게 약하게 만들어 아이로 하여금 강한 힘으로 그들을 조정하게 만들었는지 알아보아야 한다는 점이다. 가족체계의 장애가 직접적인 원인이 아니라 하더라도, 지배적인 아이들의 치료에서는 먼저 가족체계를 살펴보고 치료방법을 모색하는 것이 도움이 된다[헬링거(B. Hellinger), 사티어(V. Satir), 슈티린(H. Stierlin), 베버(G. Weber) 등]. 그렇게 함으로써 누가 누구와 어떤 갈등 속에 빠져 있으며 어떤 방식으로 그 갈등을 풀어 나가야 하는지 방향을 설정할 수 있다. 그런 과정을 거치면서 페스트할텐 치료는 다른 방법과 차별화 될 수 있기도 하고, 적절치 않은 것으로 판명되면 다른 치료법을 선택할 수도 있다. 그 한 예가 막시이다. 원가족의 배치도 작성을 토대로, 막시의 엄마가 자신을 한때 오용한 아버지와 막시를 동일시했다는 사실이 밝혀진 후에, 막시보다도 먼저 막시 엄마에 대한 심리치료를 실행하였다. 그렇게 함으로써 막시 엄마는 근친상간이라는 어린 시절의 기나긴 악몽에서 벗어나고 엄마로서 새로 자리 매김할 수 있었다. 이런 경우 페스트할텐 치료는 분명히 사용할 수 없는 것이다.

　그것은 흔히 해당 관련자들에게도 필요하다. 관련 당사자들의 관계는 가족간의 얽힘이 드러나면서 지금까지의 관계에서 드러나지 않던 부분들이 드러날 수도 있기 때문이다. '이질적인 사람'과의 화해는 흔한 결과이다. 부모도 아이도 치료받지 않고는 새로운 빛이 비치는 길을 갈 수 없다. 케빈이 이러한 경우이다. 입양부모는 아이의 생모에 대해 아이가 지니고 있는 신의를 잘 감지해야 한다. 케빈에게 이러한 존중이 얼마나 중요한지 파악한 후에 입양부모는 태도를 즉시 바꿀 수 있었다. 케빈은 자신의 생모가 입양부모에게서 인정받지 못하는 경우에만 문제를 일으켰다. "네 엄마가 네 생일잔치가 얼마나 멋졌는지 알면 기뻐하실 텐데. 너는 엄마에게 이야기해 드리고 사진도 보여 드리렴. 우리는 네가 네 엄마를 마음속에 간직하도록 도와주마." 이러한 이야기를 들으면서 폭군적 행동을 보이던 케빈의 갈등은 사라졌다. 케빈은 자신의 생모를 대신한 분풀이를 더 이상 할 필요가 없었다. 그는 이러한 갈등 극복과 관련된 페스트할텐 치료를 받을 필요가 있었다. (이러한 상황은 또 다른 의미를 지니는 것이기도 하다. 케빈에게는 새로운 관계를 맺기 위해서, 즉 생모와의 단절된 관계에서 비롯된 고통을 울어서 푸는 것이 도움이 될 수 있다.)

　많은 다른 경우에도 가족체계의 배치를 전제로 페스트할텐 치료를 시행하는 것이 유리하다. 그렇게 함으로써 쌓여 있던 고통을 드러내면서 화해할 수 있기 때문이다. 그 반대로 페스트할텐 치료를 먼저 실시하고 가족체계를 작성해 보는 것도 경우에 따라서는 큰 도움을 줄 수 있다. 당사자들이 가족체계 안에서 잘못된 자리를 차지하고 있는 한, 밀접하고 대질적인 접촉을 하면서도 자기 자신을 감지하지 못하지만 자신이 옹호하는 사람들을 무의식적으로 감지해 낸다. 그러면 임상의사는 어떤 문제부터 치료를 시작할지 인식할 수 있는 기회를 갖게 된다. 케빈은 페스트할텐 치료를 시도하자 침묵하면서 뒷걸음질 쳐 입양 부모를 피해 지나갔다. 말하자면 케빈은 침묵하는 생모를 위해 침묵했다. 터미네이터인 루카는 자신을 안으려는 엄마의 팔을 무시해 버렸다. 그런 행동은 엄마에게 오용당한 아빠를 위한 행동이었다.

이제 상세한 예를 들어보겠다. 후베르트의 경우 체계적인 가족치료와 페스트할텐 치료를 동시에 받아야 한다는 처방을 내렸다. 가족 전체, 다시 말해 아빠, 엄마, 열네 살의 마르티나 그리고 아홉 살의 후베르트, 이들이 가족치료에 참가했다. 모든 참가자들이 원으로 앉았다. 치료사가 "각자 자신의 가족을 배치해 보세요. 다른 대리인들을 택해서 하는 거예요!" 하고 말했다. 후베르트가 먼저 시작했고 가족의 대리인들을 그 원의 한 가운데 세웠다. "이 사람들이 어떻게 연결되었는지 섞어 보세요! 누가 누구 다음이지요? 누가 더 멀리 있나요?" 후베르트에게 지시를 내렸다. 그리고 치료사는 배치된 사람들에게 참석한 사람들의 입장에서 그들의 대변자가 되며, 자신의 고유한 생각은 포기할 것을 당부했다. 그러나 '예, 제 어린 시절은…' 이런 식으로가 아니라 간단하게 그 상황에 처해 느끼는 것이어야 한다고 일러 주었다. (만일 그룹 형성이 안 되면, 치료사가 나무상이나 신발, 돌 등을 가져올 수 있다. 이럴 경우 이러한 대상들이 당사자의 감정에 대한 어떤 것도 표현하지 못한다는 단점이 있다.)

후베르트는 자신의 가족을 다음과 같이 배치했다.

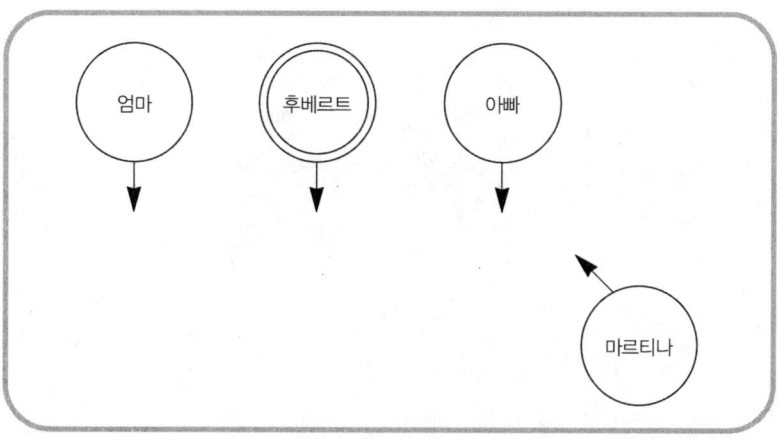

마르티나에게도 자신의 감정에 따라 배치를 바꾸어 보라고 했다. 마르티나는 다음과 같이 배치했다.

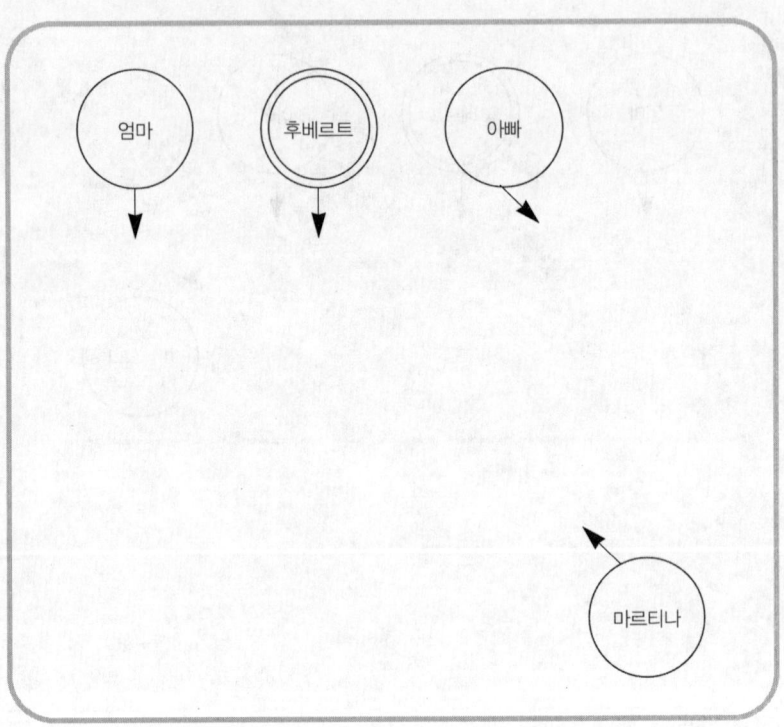

엄마가 확인했다. "예, 그래야 해요." 그러나 아빠는 마르티나가 더 가깝게 있어야 한다고 했다. 그리고 나서 그들에게 지금 처한 자신의 위치에서 무엇을 느끼는지 물었다. 엄마 대리인이 말했다. "한 남자 아이가 옆에 있다는 것이 느껴져요. 나는 그것이 좋지 않아요. 별로 좋지가 않아요. 나는 원래 혼자에요." 후베르트 대리인은 말했다. "나는 여기가 너무 좁아요. 숨이 막히는 듯해요. 나는 숨 쉴 공기를 얻기 위해 싸울 거예요!" 아빠 대리인이 말했다. "나는 뼈가 아주 약해요. 나는 여기서 나가야만 해요. 그렇지 않으면 쓰러져요." 마르티나 대리인은 얼굴빛이 창백해지면서 눈시울이 젖었다. "커다란 슬픔이 나를 눌러요. 나는 돌아서 나가고 싶어요." 치료사는 아빠를 그녀 가까이 데리고 가려고 했다. 그러자 마르티나가 말했다. "싫어요. 너무 더워요. 그럴 수 없어요." 그러자 아빠는 뒤로 물러섰다. 얽힌 문제는 분명해졌다. 가족의 생활은 이런 상황으로 위협받고 있었다. 후베르트는 부모 사이에 서서 왔다 갔다 했다. 그러나 부모를 전혀 느끼지 못했다. 후베르트는 스스로 살아남기 위해 투쟁해야 했다.

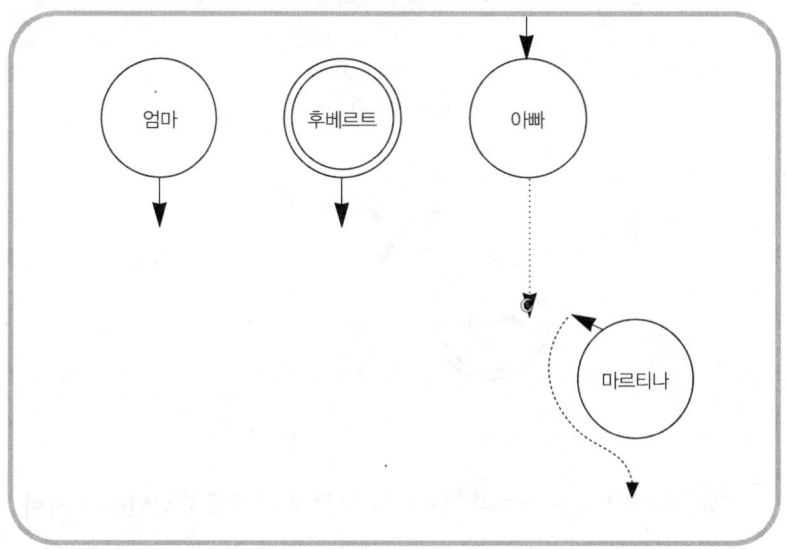

아빠는 딸을 보호하며 엄마의 사랑을 대신 채워 주려 했다. 그러나 마르티나는 그것을 받아들이지 않았다. 근친상간의 위험은 매우 크다. 마르티나는 자신의 전 가족을 잃었고 엄청난 스트레스를 받았다. 그러고 나자 치료사가 해결책을 찾았다. 아빠가 엄마 옆에 자리했을 때, 두 사람은 매우 안정감을 찾았다. 후베르트는 매우 가벼워지는 것을 느꼈다. 그러나 후베르트는 마르티나가 자신과 엄마 사이에 있고, 아빠가 더 가까이에 와 있으며, 누이가 자신의 곁에 가까이 있을 때 더 좋았다. 마르티나 역시 갑작스럽게 좋아졌다. 마르티나는 장녀로서 인정받는 자리를 얻은 것이다. 그리하여 해결의 실마리 그림이 보였다.

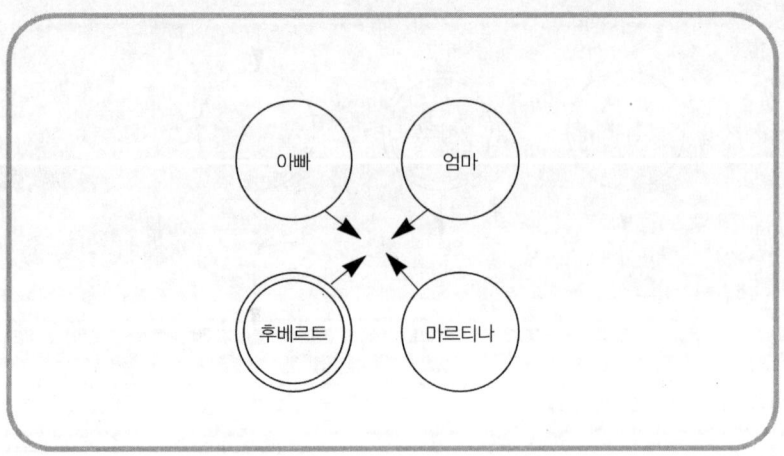

그리고 나서 치료사는 후베르트의 모든 가족에게 대리인들과 자리를 바꾸라고 했다. 각자는 단지 느낄 뿐이다. "아, 이러면 좋겠구나." 하는 희망이 나타났다. 그리고 치료사들이 인정해 주었다. "이 가족이 제 상태를 찾았으니, 이 그림이 당신들의 마음에서 작용할 것입니다."

(만일 가족을 스스로 구성하기에 아이가 너무 어리거나, 대가족의 복잡한 상황이거나, 오용이나 살인 같은 어려운 상황의 폭로 등이 문제가 되면, 어른 들만 작업한다.)

페스트할텐 치료

만일 어떤 가족구성원들 사이에 갈등이 존재하고 그런 것들이 구체 적으로 드러난다면, 페스트할텐 치료를 할 수 있다. 관계의 위기란 양 쪽 입장에서 그 위기를 서로 드러내어 결말을 보고 화해하게 되기 때 문이다.

모든 과정들은 연대기적으로 진행되어야 한다. 원가족의 갈등에 우 선권이 있다. 한 예로서, 만일 엄마나 아빠가 자신의 부모에 대해 극복 하지 못하는 감정을 지니고 있다면, 그리고 그 때문에 미성숙하고 줏 대가 없다면, 할머니와 할아버지도 치료에 참여하도록 해야 한다. 그 러한 경우 그 의미와 페스트할텐 치료의 방법론적인 과정을 설명하는 것이 중요하다. 치료사는 나이가 많고 대개 심리치료에 경험이 없는 할머니나 할아버지들에게 자신들이 윤리적 기준에 기댈수 있다는 점 을 상기시켜야 한다. "자신을 존중할 수 없고 사랑이 다시 흐르지 않는 다면 누구도 그 공간을 떠날 수 없습니다." 하고 알려 주어야 주어야 한다. 기본적으로 아이들은 부모가 제지해야 하고, 아이가 부모를 제 지하게 해서는 안 된다. 유감스럽게도 조부모들이 치료에 참여하는 경우는 드물다. 그들이 참여하게 되면 좀 더 존중해 주어야 한다.

아이가 페스트할텐에 들어가기에 앞서, 먼저 부모의 페스트할텐이 필수적이다. 아이는 함께 앉아 있는 것이 좋다. 아이는 자신이 부모의 문제에 대해 책임이 없다는 것과, 그러기 때문에 두 사람 가운데 누구를 지지해서는 안 된다는 것을 알 수 있는 기회를 얻게 된다. 부모가 화해한 후에 비로소 부모는 자녀에게 부모로서 다가갈 수 있다. 후베르트 가족은 이러한 방식으로 치료받았다. 조부모는 이미 돌아가셨기 때문에 초대할 수가 없었다. 후베르트의 부모는 이 드라마틱한 모임을 받아들였다. 그 부모는 이미 2년 동안 친밀한 접촉이 없었다. 각자 작은 방에서 자신의 고통에 시달리며 견뎌 왔다. 부모가 페스트할텐을 시작하자 동요가 일기 시작했다. 아빠의 눈물이 엄마의 얼굴에 흘렀다. 엄마는 아빠의 고통을 보았다. 그리고 아빠는 어떻게 엄마가 자신의 모든 시간을 잃게 되었는지 들었다. 후베르트와 마르티나는 불안감 없이, 하지만 긴장감을 가지고 옆에 앉아 있었다. 부모가 부드럽게 포옹하자 후베르트와 마르티나는 큰 기쁨을 느꼈다.

마침내 아이들의 순서가 왔다. 아이의 나이가 많으면 많을수록 이런 치료과정을 찬성하거나 반대할 수 있도록 더 많이 설명해 주어야 한다. 어느 정도 나이가 있는 아이들은 이 과정 동안 정해진 틀 안에서 스스로 컨트롤하며 자신을 파악해 가도록 해야 한다. 아이는 누군가를 때리거나 발길질하는 것이 아니라 단지 말로 자신의 분노를 표현할 수 있다는 것을 알아야 하기 때문이다. "너는 육체적으로는 엄마보다 힘이 세다. 그러나 엄마는 인생 경험에서 너를 능가한다. 여기서는 힘의 세기가 중요한 것이 아니라 모든 네 감정들을 표현하는 것이 중요하다. 네 사랑이 새로 시작될 수 있도록 분노와 슬픔을 표현해야 한다." 아이들에게 이런 이야기를 들려주어야 한다. 엄마는 마르티나를 페스트할텐했다. 그렇게 함으로써 마르티나는 장녀로서 자신의 위치를 엄마에게서 다시 찾게 되었다. 동시에 아빠는 후베르트를 페스트할텐했다. 자신을 보호해 주고 자신이 배울 만한 가치 있는 강점을 아빠가 지니고 있다는 것을 확신하면서, 또 아빠가 부드럽게 저지하는 것도 느끼게 되었다. 다음 번 치료에서는 엄마가 후베르트를 페스트할텐했다. 열네 살 마르티나와 아빠의 페스트할텐은 근친상간의 위험 때문에 실시하지 않았다.

치료사에게 필요한 주요 참조사항

• 기본적으로 페스트할텐을 해야 하는 부모들은 치료사가 아니다. 치료사가 부모들을 이끌어 주며 함께 해야 한다.

• 페스트할텐 치료과정은 앞에서 설명한 바와 같이 하나의 생활패턴으로 진행된다. 이 과정은 깊은 장애에서 비롯된 문제를 해결하는 과정이기 때문에 전문적인 치료사의 안내와 동반이 필요하다. 치료사는 가족체계 배치부터 함께 하면서 이끌어 주어야 한다. 그리고 개별 페스트할텐 모임의 전 과정에도 참석해야 한다. 더 나아가 가족이 다시 어려운 상황에 처하거나 계속 치료가 필요할 때 가족과 함께 해야 한다.

• 한 아이가 지배욕을 드러내기 시작하면, 힘의 지배를 받아 여러 가

지 동반현상(땀 흘림, 소리 지르기, 영적인 고통 등)과 병리학적인 증상이 나타난다. 아이의 그런 증상이 페스트할텐을 하면서 중단되도록 해야 한다. 더 나아가 적어도 부모는 지속적으로 영향력을 발휘하면서 자신의 아이에게 분명한 메시지를 보낼 수 있어야 한다. 치료사는 이러한 전 과정을 맡아 이끌어야 한다. 치료사는 아이의 동반증상을 멈추게 하고 그런 과정을 견뎌 내도록 도와주어야 한다. 그러면서 당사자들 사이에서 강한 방어행위를 해 주어야 한다. 그들은 자주 자신의 아이에게서 혹은 자신의 부모에게서 격렬한 도주 경향을 보이기 때문이다. 각자가 자기 자신을 위해 행동하는지 혹은 무의식적으로 받아들인 체계적 임무를 다른 사람을 위해 수행하는지 항상 주의를 기울여야 한다(예를 들면, 아들은 아빠를 따라 그대로 표현하기도 한다). 치료사가 당사자들에게서 분명한 감정 표현을 이끌어 낼수록, 대결적인 상황에서 사랑이 흐르기까지의 과정이 빠를수록 당사자들은 치료사를 더 신뢰한다(첫 모임은 대개 시간이 무척 오래 걸리는데, 한 시간에서 두 시간 정도 소요된다). 효과적으로 대립상황이 중단되지 않으면 그 과정은 향유될 수도 없고 시간도 오래 걸린다. 이것은 권장할 만한 상황이 아니다.

• 치료에는 유연성이 필요하다. 치료과정은 사람마다 다르다. 당사자와 가족 구성과 그들의 운명이 모두 다르기 때문이다. 엄마의 심한 정신장애가 문제의 원인이던 막시를 제외하고는 책에서 언급한 모든 아이들에게서 이 페스트할텐이 근본적인 변화를 가져왔으나 각각의 경우는 모두 달랐다. 루이자의 경우 자폐적이고 독

재적인 성향으로 2년 동안 거의 매일 이 치료를 받아야 했다. 열두 살짜리 입양아 세바스찬은 페스트할텐 한 번으로 끝나기도 했다. 나는 세바스찬에게 페스트할텐에 대해 설명하면서, 내가 신경질적이 되어 나와 다른 사람들을 싫어할 때 남편이 나를 안아 주었다고 말했다. 세바스찬은 그것이 좋다고 여기면서 즉시 엄마에게 안아달라고 했다. 5분이 지나자 세바스찬은 엄마 곁에 더 있으려 하지 않았다. 엄마가 계속 안으려 하자 두 시간 가량 실랑이를 벌였다. 곰 같은 힘으로 거부하면서 엄마의 마음에 상처를 입혔으며, 엄마가 두 번째로 입양한 동생보다 자신을 덜 사랑한다고 비난했다. 세바스찬이 힘든 등반을 마치고 정상에 도달해 조용하고 행복하게 기쁨을 느낄 때, 그리고 진실의 시간이 열렸을 때, 갑자기 눈물을 글썽인 채 엄마를 끌어안으면서 사람들이 왜 페스트할텐을 하고 그때 왜 사랑이 피어나는지 말하려 했다. 하이꼬는 페스트할텐을 할 때 엄마를 거부하지는 않았다. 그러나 분노의 계곡에서 벗어 나오기 위해, 강한 것에 대한 자신의 열망을 드러내기 위해, 자신의 걱정거리를 울면서 해소하고 결국 자신의 약점을 인정하기 위해 그리고 자신을 입양한 엄마와의 신뢰를 되찾기 위해 그 기회를 이용했다. 하이꼬는 그때까지 그런 것들을 감지하지 못하고 있었다. 마르티나가 자신의 슬픔과 질투심에서 벗어나는 데는 한 시간 반이 소요되었다. 그러나 포옹을 한 후에도 세 시간이나 더 필요했다. 마르티나는 엄마 몸에 자신의 몸을 비비며 행복하게 잠이 들었다.

- 가족들 사이에서 행하는 페스트할텐 치료는 교육적 목적이 아니므로, 치료사는 이 과정이 벌로 변질되지 않도록 주의해야 한다. 페스트할텐 과정의 목표는 아이가 조용해지는 것이 아니라, 아이가 자신의 엄마와 자기 자신과의 관계에 대해 즐거움을 갖는 것이다. 그리고 아이의 눈이 만족된 상태로 빛나는 것이다. 치료사는 무엇보다도 새로워진 관계를 토대로 좋은 관계가 성립되도록 해야 한다는 점에 신경을 많이 써야 한다. 아이는 치료받는 과정에서 제지가 필요할 뿐만 아니라, 일상 속에서도 그런 제지가 필요하다(그렇지 않으면 페스트할텐은 허위가 되고 만다). 부모의 모범을 토대로 안정되고 규칙을 준수하며, 아이가 무엇보다도 고유한 자기 자신을 존중하도록 이끌어 주려고 애써야 한다. 이러한 규칙은 부모와 아이가 만든 동일한 규칙이어야 하며 그들 스스로 지켜야 한다.

- 페스트할텐 치료사의 윤리강령에는, 치료사는 자신이 좀 더 상위의 질서에 연결되어 있다는 것을 알아야 하고, 거기서부터 내적인 버팀목을 위한 정신적인 힘들을 얻어야 한다는 것이 포함되어 있다. 치료사는 전체적인 관점에서 아이를 바라볼 뿐만 아니라 창조법칙과의 관련성도 인지하고 있어야 한다(성장의 단계, 서열의 질서, 체계적 질서 등). 새롭게 사랑하기 위해 갈등에 관련된 사람들 각자에게 치료사는 균형 잡힌 고른 감정을 표현해야 한다. '적에 대한 사랑'은 인간이 하는 사랑 중 가장 상위의 형태로서 페스트할텐과 페스트할텐 치료방식의 정신적 토대를 이룬다.

페스트할텐은 어떤 새로운 지식이 아니다. 그것은 예전부터 책임감 있고 직관적인 교육자들과 심리학자들에게 응용되어 왔다. 예를 들면, 페스탈로치(Pestalozzi)는 인간 관계에 장애가 있는 아이들에게 이 방법을 적용했다.[38] 밀턴 에릭슨(Milton Erikson)에 대한 전기에서 할리(Haley)[39]는, 유능한 심리치료사가 어떻게 엄마로 하여금 아이를 제지하도록 이끄는지 설명하고 있다. 엄마보다 더 강한 힘을 지닌 아이를 어떻게 다루어야 하는지 설명한 것이다. 미국에서 자슬로우(Zaslow)와 마르타 웰치(Martha Welch)는 각각 독립적으로 페스트할텐을 자폐아들에게 적용했으나, 점차 다른 방향으로 확장시켜 나갔다. 페스트할텐을 위한 민족학적 근거는 노벨상 수상자인 틴버겐(Tinbergen)이 제시했고, 이 치료를 독일어권 영역에 확산하는 데도 크게 기여했다. 나도 틴버겐에 의해 페스트할텐을 받아들일 기회를 갖게 되었다.

페스트할텐에 대한 반대 견해도 있다. 페스트할텐이 오용될 것을 많은 이들이 두려워하기도 한다. 이러한 반대는 대개 불안감의 표현이다. 제지를 사랑에 가득 찬 관심으로 체험하는 것이 아니라, 단지 육체적 징계로만 받아들인다면 그런 불안감이 생겨날 수도 있다. 그러나 한 인간이 누군가가 자신을 아이처럼 사랑스럽게 안아 준다는 것을 느끼면 느낄수록, 그는 감정의 확신으로 자신을 지탱하는 능력이 커지게 된다.

인간의 살아온 과정에 따라 많은 경우 페스트할텐에 대해 열린 입장을 취하기가 힘들 수도 있다. 그러나 그 반대의 경우일 수도 있다. 오늘날의 부모들과 조부모들의 세대가 육체적으로 접촉하며 어떻게 감정을 표현했는지를 고려해 보면, 페스트할텐에 대해 분분한 의견을 가질 필요가 없다.

몇 년 전부터 페스트할텐을 포함하여 아이를 안는 치료에 대한 반향이 점점 커져 왔다. 왜냐하면 한때 부모에게 권위적으로 양육된 아이들이 다른 극단으로 빠져 들었기 때문이다. 페스트할텐은 고전적인 행동치료에서부터 비교(秘敎)의 방식에 이르기까지 여러 상이한 입장들에 의해 점차 적용되었다. 나는 지난 오랜 시간 동안 책에 제시된 페스트할텐 치료에 내 이름이 거명되는 것을 거부해 왔다. 그러나 이제 나는 그것을 허용하고 있다. 왜냐하면 다른 사람들과의 경계 그리고 비슷한 형태들과의 구분이 필수적이기 때문이다. 행동치료 쪽으로 방향이 설정된 페스트할텐, 그것은 '수정 페스트할텐'이라는 명칭으로 로만(U. Rohmann)에 의해, 그리고 '육체적 상호훈련'이라는 개념 아래 얀센(F. Jansen)도 이 명칭을 사용했다. 이 두 가지 방식은 페스트할텐을 처벌로 설정한 조건반사 방법이다. 아이가 자신이 혐오하는 감정에서 벗어나 적응하도록 훈련하기 위한 것이다(아이가 소리치는 동안은 안고 있다가 아이가 그치면 다시 풀어놓는다). 이러한 방법들은 웰치의 홀딩(Holding)과도 대립되며 웰치가 이끈 나의 행동치료와도 다르다. 마지막에 언급한 두 방법에서는 기본적으로 혐오적인 감정들을 드러내면서 관계를 회복하고, 조건 없는 사랑의 안전한 틀 속으로 이끌어 주는 것이 중요하다. 전체성을 강조하는 내 페스트할텐은 창조적인 법칙에서의 의지, 체계적인 질서와 모든 과정에 참여하는 자들을 인정하는 것, 즉 그들의 영성을 통해 홀딩과 구분된다.

그밖의 치료가 되는 도움들

페스트할텐 치료를 상세하게 설명한다고 하여 다른 치료방법들을 평가절하하는 것은 아니다. 나는 그 치료의 효과를 확신하기 때문에 페스트할텐을 지지한다. 유아기의 지배욕과 관련한 치료법이 어디서도 언급되지 않기 때문에 그 효과를 제시하는 것은 필연적인 일이다.

아이가 새로운 관계를 맺을 준비를 하면서 이 치료의 기본적인 도움이 아이에게 효력을 발휘하기 시작할 때에야 비로소 그밖의 다른 치료들도 도움이 될 수 있다. 깊은 의미를 캐고 고통의 뿌리에 접근해 가는 것을 강제적으로 꼭 시행해야 하는 것은 아니다. 왜냐하면 이런 것들은 페스트할텐을 통해 자연스럽게 일어날 수 있기 때문이다. 문제를 더 깊이 파악하고 새로운 관계를 이끌어 내는 자기인식으로 향한 길은 심리드라마와 게스탈트 치료(Gestalttherapie)의 도움을 받아 더 세밀하게 적용할 수 있다. 많은 경우 아이들보다 부모들이 심층심리적인 그리고 개인적인 도움을 원한다. 특히 자신이 한때 기분 상했던 분노들이 커져 아이를 증오하게 될 때 그러하다.

근본적으로는 아이가 자신의 능력과 약점을 이끌어 내어 다른 사람들과 비교하고, 거기서부터 자신의 고유 가치를 찾아내도록 하는 것이 중요하다. 아이는 새로운 기대와 준비, 그리고 그것에 걸맞는 사회적 교류형태를 훈련해야 한다. 적절한 행동치료와 집단역학적으로 방향을 설정한 훈련 가운데서 나는 네 가지를 제시한다.

- 윌리엄 글라서(William Glasser)의 현실치료
- 토머스 고든(Thomas Gordon)의 가족회의
- 프란츠 페터만(Franz Petermann)과 울리케 페터만(Ulrike Petermann)의 공격적인 아이들 길들이기
- 에른스트 키프하르트(Ernst J. Kiphard)의 심리발달과정 촉진

이런 유익한 치료들의 공통분모는 '건강한 인간의 오성'이다. 이러한 치료들은 현실의 실제와 관련하여 전문가들이 심리치료에 적용했으며, 교육자들뿐 아니라 상황이 복잡하지 않을 경우에는 부모들도 적용했다.

그밖에도 이 저자들은 아이들의 문제를 아이에게 우호적인 방식으로 사회적 현실과 관련지어 적절한 타협을 일깨워 준다는 점에서도 공통점을 지니고 있다. 그러면서 아이는 자신의 행동에 대해 책임져야 한다는 것을 배우게 된다. 페터만의 훈련에서 아이들은 탐정놀이를 하는 동안 자신의 행동장애를 알게 되고, 역할놀이를 이해하게 되면서 변화를 시도하게 된다. 그러면서 그들은 무엇 때문에 자신들에게 상호놀이의 형태나 비디오 영화 분석의 형태, 개별 혹은 그룹언어들의 형태로 된 훈련방법들이 서로 도움이 되는지 인식하게 된다.

유사하게 글라서의 훈련에서도 명백하고 통제가 가능한 계획들을 체험할 수 있다. 치료사는 그 계획을 실제적인 목표와 관련시키고 현실화하는 조건들을 마련해 줄 수 있다. 즉, 아이가 자신의 행동을 스스로 좋지 않은 것으로 판단하고 포기하도록 명료한 결정을 내릴 수 있

게 해 주는 것이다.

고든의 견해에 따른 가족회의는 다른 매개를 거치는 동기유발이 없이, 전용되는 '범행 장소'에 대한 직접적 개입이다. 가족 안에서 아이는 하나의 민주적인 기회를 갖는다. 다른 사람들의 도움에 대한 피드백을 얻을 수 있는 동일한 기회를 부모와 형제들도 갖는다.

비교적 아이의 언어적·논리적 사고의 수준을 전제로 하는 이런 세 가지 방법들과 다른 나머지 한 가지 방법은 키프하르트의 심리발달과정 촉진이다. 이 방법은 지능이 낮고 정신적으로 장애가 있는 아이들에게 적용된다. 아이는 상대를 이해하고 돕고 기다리는 것들을 배우게 된다.

아이가 어떤 방법으로 치료를 시작할 것인지에 대한 가장 좋은 전제는 무엇보다도 부모의 인식에 달려 있다. 부모는 이런 지배욕의 경보신호를 인식하기 전에, 만일 집 밖에서 아이의 권력찬탈이 일어난다면 극적인 위기를 예견해야 한다. 환상에서 벗어나 책임을 받아들이는 부모의 용기를 통해 작은 폭군을 위한 희망도 돛을 달 수 있다. 우리는 아이가 지배적인 것을 포기하고 행복하고 자유로운 아이가 되도록 도와주려 한다.

주

1. 콘라트 로렌츠, 『현대 문명이 범한 여덟 가지 죄악』, 양승태 역(서울: 이화여자대학교 출판부, 2002).

2. R. Lempp, *Familie im Umbruch*(München, 1986), p.87.

3. E. Blumenthal, *Wege zur inneren Freiheit. Theorie und Praxis Selbsterziehung*(Luzern und Stuttgart, 1984), p. 84.

4. V. Louis, *Einführung in die Individualpsychologie*(Bern und Stuttgart, 1975), p. 55.

5. A. Adler, *Problems of Neurosis. A Book of Case Histories*(London, 1929), p. 96.

6. Th. Saum, "Arznei gegen Zappelei", in *Psychologie Heute*, 1986. 3월호 p. 12에서 인용.

7. 닐 포스트만, 『죽도록 즐기기』, 정탁영 · 정준영 공역(서울: 참미디어, 1997).

8. F. von Cube-Alshut, *Fordern statt verwöhnen*(München, 1986).

9. "Statistisches Jahrbuch der Bundesrepublik Deutschland", Wiesbaden 1982-1984 .

10. H. Nohr, "Liebe und Geborgenheit bei Eltern", in *Kindergesundheit*, 1986. 12월호.

11. J. Martinius, "Stereotypien. Beschreibung, Bedeutung, Behandlung aus ärztlicher Sich", in *Therapeutische Ansatze in Theorie und Praxis*. Bericht von der 6. "Hilfe für das autistische Kind"(Hamburg, 1984), p. 44.

12. D. Morris, *Liebe geht durch die Haut*(München, 1975).

13. A.F. Korner, "Maternal rhythms and waterbeds. A form of intervention with premature infants", in *Origins of the infants' social responsiveness*, E.V. Thoman 편집, (Hillsdale/New Jersey, 1979). D. Burgin, "Über einige Aspekte der pränatalen Entwicklun", in *Psychiatrie des Säuglings- und des frühen Kleinkindalters*, G. Nissen 편집, (Bern, Stuttgart, Wien, ²1984).

14. *Vorgeburtliches Seelenleben*. G.H. Graber/ F. Kruse 공동편집, (München, 1973). S. Schindler, *Geburteintritt in eine neue Welt*(Göttingen, 1982). I. Eibl-Eibesfeldt, "Ursprung und soziale Funktion des Objektbesitzes", in J. Bowlby, *Attachment and Loss*(New York, 1969).

15. 프레드릭 르봐이예, 『폭력없는 탄생』, 주정일 역(서울: 샘터, 1987). W.S. Condon/ L.W. Sander, "Neonate Movement is Synchronized with Adult Speech. Interactional Participation and Language Acquisition", in *Science 183*. M. Papoušek,

"Wurzeln der kindlichen Bindung an Personen und Dinge. Die Rolle Der integrativen Prozesse", in J. Bowlby, *Attachment and Loss*(New York, 1969).

16. R. Michaelis, "Die Bedeutung der motorischen Entwicklung für die geistige Entwicklung des Kindes", in *Wahrnehmungsübungen*, EKD 구제사업의 전문기업연구회 편집, (Stuttgart, 1980).

17. J. Bowlby, *Attachment and Loss*(New York, 1969). E.H. Erikson, *Identität und Lebenszyklen*(Frankfurt, 1976).

18. F. Renggli, *Angst und Geborgenheit*(Reinbek, 1976). *Bindungen und Besitzdenken beim Keinkind*, Ch. Eggers 편집,(München, Wien, Baltimore, 1984). *Psychiatrie des Säuglings- und des frühen Kleinkindalters*, G. Nissen 편집, (Bern, Stuttgart, Wien, ²1984).

19. A. Gruen, *Der Verrat am Selbst*(München, 1986), p. 87.

20. R. Spitz, *Die Entstehung der ersten Objektbeziehungen*(Stuttgart, ³1973). H. Rauh, "Frühe Kindheit", in R. Oerter und L. Montada, *Entwicklungspsychologie. Ein Lehrbuch*(München, Wien, Baltimore, 1982).

21. M. Ainsworth, "Attachment and Dependency. A Comparison", in *Attachment and Dependency*, J.L. Gewirtz 편집, (Washington D.C., 1972).

22. W. Schiefenhövel, "Bindung und Loslösung - Sozialisationspraktiken im Hochland von Neuguinea", in J. Bowlby, *Attachment and Loss*(New York, 1969).

23. *Bindungen und Besitzdenken beim Kleinkind*, Ch. Eggers 편집,(München, Wien, Baltimore, 1984).

24. Franz Hohler, *Der Rand der Ostermundigen. Geschichten*(Neuwied, ⁸1984).

25. G. Biermann, *Kinder und Jugendliche. Entwicklung - Entwicklungsstörungen. Psychohygienische Konsequenzen*(Frankfurt, 1985), p. 21.

26. M. Balint, *Die Urformen der Liebe und die Technik der Psychoanalyse*(Bern und Stuttgart, 1966).

27. *Vorgeburtliches Seelenleben*, G.H. Graber / F. Kruse 공동편집, (München, 1973).

28. J. Liedloff, *Auf der Such nach dem verlorenen Glück*(München, 1984).

29. H. und M. Papoušek, "Die Rolle der sozialen Interaktion in der psychischen Entwicklung und Pathogenese", in *Psychiatrie des Säuglings- und des frühen*

Kleinkindalters, G. Nissen 편집, (Bern, Stuttgart, Wien, 1984), p. 71.

30. G. Weber(편집), *Zweierlei Glück*(Heidelberg, 1994), p. 139부터.

31. 같은 책, p. 141.

32. A. Lowen, *Narzißnus*(München, 1984), p. 110.

33. H. Hobmair und G. Treffer, *Individualpsychologie, Erziehung und Gesellschaft*(München, 1979), p. 49.

34. 정신장애에 대한 진단과 통계 메뉴얼, DSM III(Weinheim und Basel, 1984) 참조.

35. H. Grothe, "Verwöhnt! Wenn Kinder zu Tyrannen werden", in *Eltern* 1986년 5월호, p. 40.

36. M. Mitscherlich, "Die Bedeutung des Übergangsobjektes für die Entfaltung des Kindes", in J. Bowlby, *Attachment and Loss*(New York, 1969).

37. Th. Hellbrügge und G. Döring, *Die ersten Lebensjahre*(München, 1982), p. 248.

38. F. Schorer, "Autismus", in *Neue Zürcher Zeitung* 96/1986.

39. J. Haley, *Die Psychotherapie Milton Erickson*(München, 1978).

참고 문헌

Adler, A. *Problems of Neurosis. A Book of Case Histories.* London, 1929.
_____. *Werke.* Frankfurt, 1970ff.

Ainsworth, M. "Attachment and Dependency. A Comparison." In: *Attachment and Dependency.* Herausgegeben von J.L.Gewirtz. Washington D.C.: Winston, 1972.

Ainzsworth, M./ Blehar, B. / Waters, E. / Wallis, S. *Patterns of attachment. A psychological study of the strange situation.* Hillsdale/ New Jersey: Erlbaum, 1978.

Balint, M. *Die Urformen der Liebe und die Technik der Psychoanalyse.* Bern, Stuttgart, 1966.

Biermann, G. *Kinder und Jugendliche. Entwicklung-Entwicklungsstörungen. Psychohygienische Konsequenzen.* Frankfurt, 1985.

Bindungen und Besitzdenken beim Kleinkind. Herausgegeben von Ch. Eggers. München, Wien, Baltimore, 1984.

Blumenthal, E. *Wege zur inneren Freiheit. Theorie und Praxis der Selbsterziehung.* Luzern, Stuttgart, ⁹1984.

Bowlby, J. *Attachment and Loss.* New York: Basic Books, 1969.

Bürgin, D. "Über einige Aspekte der pränatalen Entwicklung." In: *Psychiatrie des Säuglings- und frühen Kleinkindalters.* Herausgegeben von G. Nissen. Bern, Stuttgart, Wien, ²1984.

Burchard, F. "Überlegungen zur Festhaltetherapie bei Kindern mit frühkindlichem autistischem Syndrom." In: *Praxis der Kinderpsychologie und Kinderpsychiatrie* 7/1984.

Burchard, F. *Dreiteilige Beobachtungsstudie zur praxis der Festhaltetherapie nach ein bis fünf Jahren.* Dissertation im Fachbereich Medizin an der Universität Hamburg, 1991.

Cermak H. *Die erste Kindheit. Ein ärztlicher Ratgeber für das 1. und 2. Lebensjahr.* Wien, 1982.

Condin, W.S./ Sander, L.W. "Neonate Movement is Synchronized with Adult Speech. Interactional Participation and Language Acquisition." In: *Science 183.*

Cube-Alshut, F. *Fordern statt verwöhnen.* München, 1986.

"Diagnostisches und Statistisches Manual Psychischer Störungen." DSM III. Weinheim, Basel, 1984.

Dührsen, A. *Heimkinder und Pflegekinder in ihrer Entwicklung.* Göttingen, ⁶1977.

Eibl-Eibesfeldt, I. "Ursprung und soziale Funktion des Objektbesitzes." In: J.

Bowlby, *Attachment and loss*. New York: Basic Books, 1969.

Erikson, E.H. *Identität und Lebenszyklus*. Frankfurt, 1976.

Freud, S. *Gesammelte Werke*. Frankfurt, 1976ff.

Fromm, E. *Haben oder Sein. Die seelischen Grundlagen einer neuen Gesellschaft*. München, 1979.
Glück und Gesundheit durch Psychologie? Konzept, Entwürfe, Utopien. Herausgegeben von P. Kaiser. München, 1986.

Goos, B. "Geburt ohne Gewalt - Sanfte Landung auf unserer Erde." In: S. Schindler, *Geburtseintritt in eine neue Welt*. Göttingen, 1982.

Gordon, Th. *Familenkonferenz*. Reinbek, 1981.

Grof, S. *Geburt, tod und Transzendenz*. München, 1985.

Grothe, H. "Verwöhnt! Wenn Kinder zu Tyrannen werden." In: *Eltern* 5/1986.

Gruen, A. *Der Verrat am Selbst*. München, 1986.

Gruen, A./ Prekop, J. "Das Festhalten und die Problematik der Bindung im Autismus. Theoretische Betrachtungen." In: *Kilderpsychologie und kinderpsychiatrie* 7/1986.

Haley, J. *Die Psychotherapie Milton Ericksons*. München, 1978.

Harlow, H.F./ Harlow, M.K./ Suomi S.J. "From thought to therapy; lessons from a primate laboratory". In: *American Scientist* 59/1971.

Hassenstein, B. *Verhaltensbiologie des Kindes*. München, [3]1980.

Hellbrügge, Th./ Döring, G. *Die ersten Lebensjahre*. München, 1982.

Hellbrügge, Th. "Zur Prolematik der Säuglings- und Kleinkinderfürsorge in Anstalten - Hospitalismus und Deprivation." In: *Handbuch der Kinderheilkunde Ⅲ*. Heraus gegeben von H. Optiz und S. Schmidt. Berlin, Heidelberg, New york, 1966.

Hellinger, B. *Ordnungen der Liebe. Ein Kursbuch*. Heidelberg, 1994.

Herzka, H.S. *Das Kind von der Geburt bis zur Schule*. Zürich, [6]1984.

Hobmair, H./ Treffer, G. *Individualpsychologie, Erziehung und Gesellschaft*. München, 1979.

Joffe, W.G./ Sandler, J. "Notes in Pain, Depression, and Individuation." In: *The Psychoanalytic Study of the Child, Bd. 20*. New york, 1965.

Kagan, J. "Gehupft wie gesprungen." Ein Interview in "Psychologie heute" 12/1979.

Kiphard, E.J. *Psychomotorische Entwicklungsförderung. Band 1: Motopädagogik*. Dortmund, [2]1984.

Kohut, H. *Narzißmus*. Frankfurt, 1976.

Korner, A.F. "Maternal rhythms and waterbeds. A form of intervention with premature infants." In: *Origins of the infants' social responsiveness*. Herausgegeben von E.V. Thoman. Hillsdale/ New Jersey: Erlbaum, 1979.

Leboyer, F. *Geburt ohne Gewalt*. München, [7]1992.

Lempp, R. *Familie im Umbruch*, München, 1986.

Liedloff, J. *Auf der Suche nach dem verlorenen Glück*. München, 1984.

Lorenz, K. *Die acht Sünden der zivilisierten Menschenheit*. München, [17]1984.

Louis, V. *Einführung in die Individualpsychologie*. Bern, Stuttgart, [2]1975.

Lowen, A. *Narzißmus*. München, 1984.

Mahler, M.S./ Pine, F./ Bergmann, A.B. *Die psychische Geburt des Menschen. Symbiose und Individuation*. Frankfurt, [2]1984.

Martinius, J. "Stereotypien. Beschreibung, Bedeutung, Behandlung aus ärztlicher Sicht." In: *Therapeutische Ansätze in Theorie und Praxis*. Bericht von der 6. Bundestagung des Bundesverbandes "Hilfe für das autistische Kind". Hamburg, 1984.

Meves, Ch. *Verhaltensstörungen bei Kindern*. München, [3]1980.

_____. *Manipulierte Maßlosigkeit*. Freiburg, [24]1983.

Michaelis, R. "Die Bedeutung der motorischen Entwicklung für die geistige Entwicklung des Kindes." In: *Wahrnehmungsübungen*. Herausgegeben vom Fachverband des Diakonischen Werkes der EKD. Stuttgart, 1980.

Mitscherlich, M. "Die Bedeutung des Übergangsobjektes für die Entfaltung des Kindes." In: J. Bowlby, *Attachment and Loss*. New York: Basic Books, 1969.

Morris, D. *Liebe geht durch die Haut*. München, 1975.

Muus, R.E. "Die Realitätstherapie von William Glasser." In: *Der Kinderarzt* 17/1986.

Nohr, H. "Liebe und Geborgenheit bei Eltern." In: *Kindergesundheit* 12/1986.

Otte, H.M. *Ohnmächtige Eltern. Was Eltern verzweifelt macht und Kinder verunsichert - Ein Elternführerschein*. Dortmund, 1994.

Papoušek, M. "Wurzeln der kindlichen Bindung an Personen und Dinge. Die Rolle der integrativen Prozesse." In: J. Bowlby, *Attachment and Loss*. New York: Basic Books, 1969.

Papoušek, H./ Papoušek, M. "Die Rolle der sozialen Interaktionen in der psychischen Entwicklung und Pathogenese." In: *Psychiatrie des Säuglings- und des frühen Kleinkindalters*. Herausgegeben von G. Nissen. Bern, Stuttgart, Wien, 1984.

Perceptual Processes as prerequisites for a complex human behavior. A theoretical model and its application to therapy. Herausgegeben von F. Affolter/ E. Stricker. Bern, Stuttgart, Wien, 1966.

Petermann, U./ Petermann, F. *Training mit aggressiven Kindern*. München, [2]1984.

Piaget, J. *Das Erwachen der Intelligenz beim Kinde*. Stuttgart, [2]1973.

Portmann, A. *Zoologie und das neue Bild des Menschen.* Hamburg, 1956.

Postman, N. *Wir amüsieren uns zu Tode.* Frankfurt, 1985.

Prekop, J. "Wir haben ein Kind angenommen." In: *Wir haben ein Kind angenommen.* Herausgegeben von Jacob-Lutz. Stuttgart, 1977.

_____. *Hättest du mich festhalten ... Grundlagen und Anwendung der Festhalte-Therapie.* München, 1989.

Prekop, J./ Schweizer, Ch. *Kinder sind Gäste, die nach dem Weg fragen. Ein Elternbuch.* München, ⁸1994.

_____. *Unruhige Kinder. Ein Ratgeber für beunruhigte Eltern.* München, ³1994. @*LITTXT = Psychiatrie des Säuglings- und des frühen Kleinkindalters.* Herausgegeben von G. Nissen. Bern, Stuttgart, Wien, ²1984.

Rauh, H. "Frühe Kindheit." In: R. Oerter/ L. Montada, *Entwicklungspsychologie. Ein Lehrbuch.* München, Wien, Baltimore, 1982.

Renggli, F. *Angst und Geborgenheit.* Reinbek, 1976.

Saum, Th. "Arznei gegen Zappelei." In: *Psychologie heute* 3/1986.

Schiefenhövel, W. "Bindung und Loslösung - Sozialisationspraktiken im Hochland von Neuguinea." In: J. Bowlby, *Attachment and Loss.* New York: Basic Books, 1969.

Schindler, S. *Geburteintritt in eine neue Welt.* Göttingen, 1982.

Schmidbauer, W. *Die hilflosen Helfer.* Reinbek, 1977.

Schorer, F. "Autismus." In: *Neue Zürcher Zeitung* 96/1986.

Schweizer, Ch./ Prekop, J. *Was unsere Kinder unruhig macht ... Ein Elternratgeber: Aufklärung über Ursachen der Hyperaktivität, Empfehlungen zur Förderung normalen Entwicklung.* Stuttgart, 1991.

Seligman, M.E.P. *Erlernte Hilflosigkeit.* München, Wien, Baltimore, ³1986.

Speck, O. *Chaos und Autonomie in der Erziehung Erziehungsschwierigkeiten unter moralischem Aspekt.* München, 1991.

Spitz, R. *Die Entstehung der ersten Objektbeziehungen.* Stuttgart, ³1973.

"Statistisches Jahrbuch der Bundesrepublik Deutschland." Wiesbaden, 1982-84.

Strotzka, H. *Macht.* Wien, Hamburg, 1985.

Tinbergen, E.A./ Tinbergen, N. *Autismus.* Berlin, Hamburg, 1984.

Verny, T./ Kelly, I. *Das Seelenleben des Ungeborenen.* Berlin, 1983.

Victor, G. *The Riddle of Autism.* Lexington Books, 1983.

Vorgeburtliches Seelenleben. Herausgegeben von G.H. Graber und F. Kruse. München, 1973.

Weber, G. (Hrsg.) *Zweierlei Glück. Die systemische Psychotherapie Bert Hellingers.* Heidelberg, ⁴1994.

Welch, M.G. "Heilung vom Autismus durch die Mutter-und-Kind-Haltetherapie." In: E. A. Tinbergen/ N. Tinbergen, *Autismus.* Berlin, Hamburg, 1984.

_____. *Die haltende Umarmung.* München, 1991.

Winnicott, D. W. *Reifungsprozesse und fördernde Umwelt.* Frankfurt, 1984.

_____. "Übergangsobjekte und Übergangsphänomene." In: *Psyche*, 23/1969.

Zaslow, R.W. "Der Medusa Komplex. Die Psychopathologie der menschlichen Aggression im Rahmen der Attachment-Theorie." In: *Zeitschrift für klinische Psychologie und Psychotherapie*, 2/1982.